Jan Weber

Wohlfahrtsverbände zwischen Subsidiaritätsmythos und Postkorporatismus

Stabilität und Wandel
institutioneller und organisationaler Strukturen
in der kommunalen Kinderbetreuungspolitik

WEBER • BRANDENBURGISCHE HOCHSCHULSCHRIFTEN

Weber, Jan
Wohlfahrtsverbände zwischen Subsidiaritätsmythos und Postkorporatismus
Stabilität und Wandel institutioneller und organisationaler Strukturen
in der kommunalen Kinderbetreuungspolitik

Weber Medien GmbH
Brandenburgische Hochschulschriften
Hebbelstraße 39 · 14469 Potsdam
Tel.: 0331/201 39 -0 · Fax: 0331/201 39 20
info@weber-medien.de · www.weber-medien.de

Herstellung: Books on Demand GmbH, Norderstedt

ISBN 3-936130-11-6

Vorwort

Beim vorliegenden Buch handelt es sich um meine geringfügig überarbeitete Hausarbeit im Rahmen der Ersten Staatsprüfung für das Lehramt an Gymnasien, die ich im Mai 2001 unter dem Titel „Wie frei ist die Freie Wohlfahrtspflege? Zur Soziologie sozialer Dienstleistungsproduktion im bundesdeutschen Sozialstaat“ eingereicht habe.

Trotz des zeitlichen Verzuges bleiben die in dieser Arbeit untersuchten Probleme aktuell, sind zum Teil noch drängender geworden. Erst kürzlich hat die Verwaltung der Stadt Göttingen die Entwürfe neuer Kindertagesstätten-Verträge vorgelegt, ohne dass sich bereits eine einvernehmliche Lösung zwischen kommunaler Sozialverwaltung und freien Trägern abzeichnen würde.

Nach dem Entstehen dieser Arbeit sind Kindertagesstätten im Kontext der PISA-Debatte vermehrt in den Fokus der öffentlichen Aufmerksamkeit gerückt. Eine Qualitätssteigerung ihrer Arbeit wird anvisiert, um zukünftige Generationen besser auf das schulische Lernen vorbereiten zu können. Als zusätzliche Betreuungsangebote für schulpflichtige Kinder sollen sie ebenfalls zur Verbesserung der schulischen Situation beitragen und die Folgen sozialer Desintegration mindern. Diese Ziele lassen sich definitiv nur mit deutlich nachhaltigeren bildungspolitischen Anstrengungen erreichen als sie bisher im Bereich der Kinderbetreuungspolitik zu erkennen waren; die Tatsache, dass beispielsweise das Recht auf einen Kindergartenplatz lediglich ein Nebenprodukt der Abtreibungsdiskussion darstellt, verdeutlicht den Stellenwert dieses Politikfeldes. Auf die Diskrepanz zwischen einer kostenpflichtigen Bildungseinrichtung für alle Bevölkerungsgruppen (Kindergärten) und einer kostenfreien, von der tendenziell die mittleren und höheren Bevölkerungsschichten profitieren (Hochschulen), kann hier nur kurz hingewiesen werden; diese Problemstellungen können nicht Gegenstand einer kommunalen Fallstudie sein, die das Forschungsdesign meiner Arbeit bestimmte. Dennoch können die Untersuchungsergebnisse – gegen den Strich gelesen – auch Hinweise darauf geben, warum im Bereich der Kinderbetreuungspolitik alles so ist wie es ist: zumindest im internationalen Vergleich nicht eben befriedigend.

Gleichwohl ist in diesem Feld noch einige Forschungsarbeit notwendig.

A propos Forschung: Die Augen für das Forschungsinteresse dieser Arbeit hat mir insbesondere Frau Prof. Dr. Ilona Ostner (Institut für Sozialpolitik, Georg-August-Universität Göttingen) geöffnet; sie hat zunächst in ihrem Einführungskurs Sozialpolitik die Fährte zur Dualen Wohlfahrtspflege gelegt. Die anregende transdisziplinäre Arbeit in ihren weiteren Seminaren – immer wieder zwischen Soziologie, Politikwissenschaft, Geschichte und Pädagogik fluktuierend und den internationalen Vergleich betonend – hat dazu beigetragen, die eigenen Interessen weiter zu schärfen und handhabbare Analysemodelle anzueignen. Hierfür, aber auch und besonders für die Beratung vor und während des Arbeitsprozesses, die wohlmeinende Beurteilung (ohne die ich nicht in den „Genuss" des Wolfgang-Enke-Preises gekommen wäre!) und Diskussion sich anschließender Überlegungen danke ich Frau Ostner sowie ihrem Assistenten und Kollegen PD Dr. Stephan Lessenich (ebenfalls Georg-August-Universität Göttingen).

Bleiben wir noch einen Moment bei denjenigen, ohne die diese Arbeit nicht hätte entstehen können: ich danke meinen Interviewpartnern aus der kommunalen Sozialverwaltung und der freien Wohlfahrtspflege, die – ohne zum Interviewzeitpunkt zu wissen, was wohl am Ende rauskommt – sich trotz einer für sie teilweise sehr angespannten politischen Situation zu einem Interview bereit erklärt haben. Ihre Informationen waren für die Analyse und Interpretation der untersuchten Vorgänge unverzichtbar.

Unzählige Menschen wären noch aufzuzählen, die durch Kaffee und Kuchen, ein offenes Ohr und kritisches Nachfragen oder auch ein vorübergehendes Schreibtischverbot dafür gesorgt haben, dass die Examensphase ohne größeren psychischen Schaden bewältigt werden konnte; dies gilt vor allem für meine Familie. Danke schön!

Verwandtschaft sorgt nun auch für die Veröffentlichung meiner Überlegungen; ich freue mich, dass mein Bruder und Verleger Kai Weber unnachgiebig für eine Überarbeitung gekämpft hat und nun dazu beiträgt, dass nicht jede Arbeit in den heiligen Katakomben des Prüfungsamtes verstaubt. Vielen Dank!

Göttingen, im August 2003
Jan Weber

Inhalt

1. Einleitung

Als im Jahre 1992 der Leistungsanspruch auf einen Kindergartenplatz für alle Kinder ab dem dritten Lebensjahr bis zum Schuleintritt rechtlich festgeschrieben wurde, stellte dies die Kommunen vor eine schwierige Aufgabe. Als Träger der öffentlichen Jugendhilfe hatten sie innerhalb kurzer Zeit auf der Grundlage landesgesetzlicher Ausführungsbestimmungen mit den knappen eigenen finanziellen Ressourcen dafür Sorge zu tragen, dass Kindergartenplätze in ausreichender Zahl zur Verfügung gestellt werden konnten. Diese Aufgabe betraf vor allem die in dieser Hinsicht vollkommen rückständigen alten Bundesländer, in denen zwischen 1992 und 1999 mehr als 600.000 neue Kindergartenplätze geschaffen wurden, freilich ohne dabei eine hundertprozentige Versorgungsquote zu erreichen (Bäcker et al 2000: 210ff., Münch 1997).

Wichtiger Partner der Kommunen beim Ausbau der institutionellen Kinderbetreuung waren die freien Träger der Wohlfahrtspflege[1], vor allem die Kirchen und die Wohlfahrtsverbände (Nullmeier 1997), denen nach dem sozialrechtlichen Subsidiaritätsprinzip in der deutschen Sozialpolitik ein bedingter Vorrang bei der Trägerschaft sozialer Dienste und Einrichtungen gegenüber öffentlichen, kommunalen Trägern eingeräumt wird (Sachße 1994a). Zugleich

1 Mit Trägern der Freien Wohlfahrtspflege sind in dieser Arbeit immer die sechs Spitzenverbände gemeint, die in der *Bundesarbeitsgemeinschaft der Freien Wohlfahrtspflege e.V. (BAG)* zusammengeschlossen sind. Es sind dies die *Arbeiterwohlfahrt (AWO)*, der *Deutsche Caritasverband (DCV)*, das *Deutsche Rote Kreuz (DRK)*, das *Diakonische Werk der Evangelischen Kirche in Deutschland (DW)*, der *Paritätische Wohlfahrtsverband (DPWV)* sowie die *Zentralwohlfahrtsstelle der Juden in Deutschland (ZWSt.)*. Hinzu kommen die beiden großen Kirchen (vgl. Boeßenecker 1998, Flierl 1982). Demgegenüber werden mit dem Begriff der *freien* Wohlfahrtspflege einerseits allgemein alle freigemeinnützigen Träger sozialer Dienste und Einrichtungen bezeichnet, andererseits kleinere freie Träger (Initiativen) gegenüber den großen Wohlfahrtsverbänden abgegrenzt. – Weitere Ausführungen zur Struktur der freien Wohlfahrtspflege enthält Kapitel 2.1.

wird jedoch dieses institutionelle Arrangement der dualen Wohlfahrtspflege, wie das bisher weitgehend konfliktfreie Zusammenspiel öffentlicher und freier Wohlfahrtspflege bezeichnet wird (Tennstedt 1992), brüchig. So konnte in jüngerer Vergangenheit beobachtet werden, dass Kommunen entgegen dem Subsidiaritätsprinzip und trotz des Übernahmewillens eines freien Trägers Einrichtungen sozialer Dienste in eigener Trägerschaft führen; der ‚Ton' zwischen öffentlicher und freier Wohlfahrtspflege scheint rauher geworden zu sein („Stadt statt Kirche", GT 19.3.2001).

Die Wohlfahrtsverbändeforschung interessierte sich bisher insbesondere für die Kooperationsbeziehungen zwischen kommunalen Sozialverwaltungen auf der einen und Wohlfahrtsverbänden auf der anderen Seite. Diese Zusammenarbeit hatte sich im historischen Prozess so weit intensiviert, dass in Abgrenzung gegenüber konflikthafter Interessenvermittlung oder hierarchischer Steuerung als alternative Politikmuster die gemeinsame Problemdefinition und Implementation sozialpolitischer Programme von Staat und Wohlfahrtsverbänden als „*neokorporatistisches Verflechtungssystem*" beschrieben wurde (Heinze/Olk 1981: 108). Dieses ist durch die wechselseitige Abhängigkeit der Akteure in bezug auf wichtige Ressourcen sowie ein zwar unterschiedlich motiviertes, aber doch gemeinsames Interesse an der sozialpolitischen Problemintervention gekennzeichnet. Diese enge Einbindung der Freien Wohlfahrtspflege in staatliche Aufgaben stellt ein unauflösbares Paradox wohlfahrtsverbandlichen Handelns dar: „Für die Wohlfahrtsverbände ist die Teilhabe am sozialstaatlichen Geschehen ebenso unverzichtbar wie ihre Freiheit und Souveränität" (Klug 1997:26). Die Partnerschaft mit staatlichen Verwaltungen bietet den Wohlfahrtsverbänden Einflußmöglichkeiten, die Übertragung öffentlicher Aufgaben wie beispielsweise die Einrichtung eines Kindergartens sichert die verlässliche Zufuhr der für den Organisationserhalt notwendigen finanziellen Ressourcen. Zugleich aber kann diese finanzielle Abhängigkeit zu erheblichen Restriktionen wohlfahrtsverbandlichen Handelns führen, da die Wohlfahrtsverbände häufig auf die anwaltschaftliche Vertretung politisch schwacher Interessen zugunsten professionspolitischer und eigener Organisationsinteressen verzichten (Pabst 1998). Darüber hinaus werden bei der Übernahme öffentlicher Aufgaben staatliche Regelungen wirksam, die die Gestaltung der angebotenen Dienste soweit standardisieren, dass der Anspruch einer wertorientierten sozialen Arbeit, wie ihn insbesondere die Kirchen und ihre Wohlfahrtsverbände verkörpem, eventuell nicht mehr zu verwirklichen ist. Die Freiheit der Wohlfahrtsverbände erscheint somit stark eingeschränkt. Vor diesem Hintergrund ist mehrfach – insbesondere in den 1980er Jahren im Kontext der Debatte um die „Neue Subsidiarität" (vgl. Heinze 1986) – die Selbstbeschreibung der Wohlfahrtsverbände als *Freie* Wohlfahrtspflege kritisch in Frage gestellt worden (vgl. Gemert 1987). Sie erschienen (und erscheinen noch immer) in dieser Perspektive vielmehr als „parastaatliche" Dienstleistungsanbieter, die „überwiegend öffentlich subventioniert, formal organisiert und an Verfahrensregeln der öffentlichen Geldgeber angepasst sind" (Hegner 1992: 184).

Diese Konstellation unterliegt inzwischen tiefgreifenden Wandlungsprozessen. Staatliche Akteure halten in Zeiten knapper öffentlicher Finanzen die bisher exklusive Zusammenarbeit mit den Wohlfahrtsverbänden offensichtlich für nicht mehr adäquat; durch die Konstitution von Dienstleistungsmärkten, die insbesondere im Rahmen der Pflegeversicherung forciert wird (Strünck 2000a), sollen im sozialpolitischen Aufgabenbereich sozialer Dienste und Einrichtungen zunehmend wirtschaftliche Effizienzkriterien Einzug halten. Die Wohlfahrtsverbände sind, so meinen zahlreiche Beobachter, nun nicht mehr der exklusive Verhandlungspartner der Sozialverwaltungen, sondern ein Dienstleistungsanbieter neben anderen, der sich besonders gegenüber privatgewerblichen Organisationen nach marktwirtschaftlichen Kriterien zu behaupten hat. Die Tendenz einer *Ökonomisierung* sozialer Dienstleistungen, die in diesem Zusammenhang als Ablösung „institutionell etablierte[r] Standards [...] durch eine stärkere Monetarisierung"' (Heinze 2000: 38) verstanden werden kann, bleibt nicht ohne Rückwirkungen auf die Organisationen der Freien Wohlfahrtspflege: In einer Situation, in der sie (vermeintlich) vor die Alternative „am Markt bestehen oder untergehen" gestellt sind (Nährlich/Zimmer 1997), überlagern Verbetrieblichungstendenzen die bisherigen Strukturbesonderheiten der Wohlfahrtsverbände als assoziative Vereine und sozialpolitische Interessenverbände (Olk 1995: 114f., Strünck 2000b). Somit werden für die

Wohlfahrtsverbände die Dienstleistungsmärkte, zugleich aber „auch die politischen Tauschmärkte turbulenter" (Olk 1995: 109). Denn wenn durch die Entstehung von Dienstleistungsmärkten die Angebotsstruktur pluralisiert wird, dann können Politik und Verwaltung – zumindest auf den ersten Blick – auf die exklusiven Austauschbeziehungen mit den Wohlfahrtsverbänden verzichten; die korporatistische Austauschlogik könnte durch repolitisierte, mehr konflikthafte Beziehungen des Postkorporatismus abgelöst werden (Pabst 1998, Strünck 2000b). Ökonomisierung sozialer Dienstleistungen drängt daher Politik nicht zurück, sondern führt gerade zu einer *Politisierung* der Akteursbeziehungen, in denen „administrative Regularien oder ökonomische Tauschprinzipien [...] durch konflikthafte Aushandlung und politischen Tausch ersetzt und ergänzt werden" (Heinze 2000: 40).

Ökonomisierung und Profitisierung sozialer Dienstleistungen, sind also die wesentlichen, jedoch nicht die einzigen Herausforderungen für die Freie Wohlfahrtspflege. Zugleich wird die Förderung ehrenamtlichen Engagements schwieriger, da sich die sozial-moralischen Milieus, auf die sich insbesondere Caritas, Diakonie und Arbeiterwohlfahrt lange Zeit beziehen konnten, in einem Auflösungsprozess befinden und sich die Struktur des Ehrenamtes generell verändert. Die europäische Integration verstärkt den Prozess der Verbetrieblichung der Wohlfahrtsverbände zusätzlich, da das deutsche Steuerrecht in seiner Bevorzugung gemeinnütziger Träger wettbewerbsrechtlich auf dem Prüfstand steht (Olk 1995, Sachße 1994b).

Somit werden all diejenigen Bestandsvoraussetzungen der Wohlfahrtsverbände als Organisationen des Dritten Sektors fraglich, die ihnen bisher Vorteile gegenüber anderen gesellschaftlichen Organisationen verschafften. Wie die Skizze der gegenwärtigen Herausforderungen der Freien Wohlfahrtspflege andeutet, wird nun die Frage virulent, wie sich die Wohlfahrtsverbände im Wohlfahrtsdreieck zwischen Markt, Staat und Gemeinschaft (neu) positionieren (vgl. Klug 1997): Wie agieren die Wohlfahrtsverbände in der politischen Interessenvertretung gegenüber dem *Staat*? Mit welchen Strategien treten die Wohlfahrtsverbände auf den entstehenden Dienstleistungs*märkten* auf? Inwieweit können sie bei ihrem verbandlichen Handeln auf *gemeinschaftliche* Solidarität zurückgreifen? Und welche Handlungsfreiheit besitzen sie bei dieser

Neupositionierung im Wechselspiel mit unterschiedlichen gesellschaftlichen Umwelten? Mit eben diesen Fragen wird sich die folgende Arbeit auseinandersetzen. Ihr Erkenntnisinteresse richtet sich dabei auf de zentrale Frage, ob und wie es den Wohlfahrtsverbänden gelingt, mit Hilfe ihrer spezifischen Organisationsstruktur und gesellschaftlichen Einbettung als intermediare Organisationen *zwischen* Markt, Staat und Gemeinschaft den neuen Herausforderungen erfolgreich zu begegnen.

Die Debatte um die Transformation der Verbändewohlfahrt trifft somit den Kern der internationalen sozialwissenschaftlichen Debatte um eine ‚mixed economy of welfare'. Mit dem Label des ‚Wohlfahrtspluralismus' wird der jeweilige Beitrag gesellschaftlicher Sektoren, Institutionen und Akteure bei der Wohlfahrtsproduktion erfasst. Gerade in Zeiten des Wandels gilt es, „die den komplexen nationalen ‚welfare-mixes' zugrunde liegenden ökonomischen, sozialkulturellen und politischen Bedingungsfaktoren" sowie erkennbare Konkurrenz- und Verdrängungsprozesse zu analysieren, von denen dominierende Austausch- und Kooperationsbeziehungen betroffen sind (vgl. Evers/Olk 1996: 11 f.)

Eben diese Fragen hat die Wohlfahrtsverbändeforschung allerdings bisher nur auf recht allgemeiner und abstrakter Ebene thematisiert. Es fehlen weitgehend Forschungsarbeiten, die durch problemorientierte Analysen den angedeuteten Fragen nachgehen und zu ihrer weiteren Klärung beitragen (vgl. jedoch als Ausnahme Strünck 2000a). Die vorliegende Arbeit, die gleichwohl von den bisher vorliegenden Überlegungen angeregt wird, soll versuchen, diese Lücke mit Hilfe einer empirischen Fallstudie zu schließen.

Als näher zu untersuchendes Feld sozialer Dienstleistungsproduktion wird die institutionelle Kinderbetreuung ausgewählt. Die Fallstudie zu diesem bedeutenden Arbeitsbereich freigemeinnütziger Träger ermöglicht eine Analyse, mit der die Strukturbesonderheiten der dualen Wohlfahrtspflege sowie Stabilität und Wandel dieses wichtigen institutionellen Arrangements beschrieben werden können. Dabei soll deutlich werden, dass zwar die Freie Wohlfahrtspflege derzeit mit substantiellen Herausforderungen – Ökonomisierung und Politisierung sozialer Dienstleistungsproduktion – konfrontiert ist, diese aber auf grund der Strukturbesonderheiten der Wohlfahrtsverbände

– unter näher zu bestimmenden Voraussetzungen – prinzipiell gemeistert werden können. Es kann angenommen werden, dass die freigemeinnützigen Träger aufgrund komparativer Vorteile als Nonprofit-Organisationen auch zukünftig die Dienstleistungsmärkte weitgehend dominieren und eine gewichtige Rolle im politischen Prozess einnehmen werden.

Die Arbeit ist so gegliedert, dass zunächst Überlegungen zur sich wandelnden Bedeutung der Freien Wohlfahrtspflege und ihrer Einbettung in den bundesdeutschen Sozialstaat referiert werden (Kap. 2), die es erlauben, die Forschungsperspektive dieser Arbeit detaillierter zu entwickeln. Anschließend kann die Auswahl sozialwissenschaftlicher Erklärungsansätze, die die Durchführung der Fallstudie und die Interpretation der erhobenen Daten anleiten sollen, begründet vorgenommen werden (Kap. 3). Zur Vorbereitung der kommunalen Fallstudie (Kap. 5) müssen zunächst die wesentlichen institutionellen Regelungen und Akteure der Kinderbetreuungspolitik beschrieben werden (Kap. 4). Durch die Verbindung der in der Fallstudie erzielten Ergebnisse mit der vorliegenden Forschungsliteratur kann die vermutlich gewandelte Stellung der Freien Wohlfahrtspflege im deutschen Sozialstaat vertiefend analysiert werden (Kap. 6). Abschließend werden die Erkenntnisse der Arbeit zusammengefasst (Kap. 7).

2. Stabilität und Wandel der Freien Wohlfahrtspflege in Deutschland

Ziel dieses Kapitels ist es, zunächst grundlegende Informationen zum Untersuchungsgegenstand dieser Arbeit, den deutschen Wohlfahrtsverbänden, zu geben (2.1). Durch die Gegenüberstellung der bisherigen partnerschaftlichen Einbindung der Wohlfahrtsverbände in das sozialstaatliche Geschehen (2.2) und der gegenwärtigen Wandlungsprozesse (2.3) werden die Probleme erkennbar, mit denen sich insbesondere die Fallstudie zur kommunalen Kinderbetreuungspolitik auseinanderzusetzen hat, so dass anschließend die Forschungsperspektive der Arbeit detaillierter entwickelt werden kann (2.4).

2.1 (Nicht mehr) ‚Unbekannte Riesen'. Wohlfahrtsverbände in Deutschland[2]

Die in der Bundesarbeitsgemeinschaft der Freien Wohlfahrtspflege e.V. (BAG) mit Sitz in Bonn zusammengeschlossenen Wohlfahrtsverbände tragen in erheblichem Ausmaß dazu bei, dass im bundesdeutschen Sozialstaat zahlreiche soziale Dienste und Einrichtungen für unterschiedliche Personen- und Problemgruppen – Beratungseinrichtungen, ambulante Pflegedienste, Kindertagesstätten, Rehabilitationseinrichtungen – zur Verfügung stehen.

Die Bedeutung der Freien Wohlfahrtspflege wird in vergleichenden Statistiken deutlich: So befanden sich 1996 beispielsweise rund 62 % aller Alten- und Behindertenheime in Trägerschaft der Wohlfahrtsverbände; auch in der Jugendhilfe, in der 47 % aller Einrichtungen, in speziellen Arbeitsbereichen sogar über zwei Drittel aller Einrichtungen sich in freigemeinnütziger Trägerschaft befinden, spielen die Wohlfahrtsverbände eine wesentliche Rolle (BAG 1997: 8).

Die Freie Wohlfahrtspflege kann allerdings nicht nur als monolithischer Block betrachtet, sondem muss auch intern nach den einzelnen Spitzenverbänden und ihrem spezifischen Profil differenziert werden.[3] Diese Differenzierung ist vor allem notwendig, da vermutet werden kann, dass die einzelnen Wohl-

2 Mit dem Schlagwort der ‚unbekannten Riesen' (Schmid 1996a: 14) wurde bisher in der Wohlfahrtsverbändeforschung auf die auffallende Diskrepanz zwischen der empirischen Bedeutsamkeit der Wohlfahrtsverbände und dem (fehlenden) sozialwissenschaftlichen Wissen hingewiesen; angesichts der zahlreichen Forschungsaktivitäten der vergangenen Jahre kann dieser Befund hier modifiziert werden.

3 Die Hinweise zu den einzelnen Verbänden beruhen auf den Informationen der BAG (1997), von Bäcker et al (2000: 39ff.), Schmid (1996a: 18ff.) sowie Strünck (2000a: 35ff.). Auf Einzelnachweise wird verzichtet.

fahrtsverbände aufgrund je spezifischer Traditionen, Profile und Strukturen unterschiedlich auf die gegenwärtigen Herausforderungen reagieren können.[4]

Die *Arbeiterwohlfahrt* (AWO) wurde 1919 zunächst als Untergliederung der SPD gegründet und ist dadurch eng mit der Geschichte und den Ideen der deutschen Arbeiterbewegung verknüpft. Aus diesem Grund ist die AWO nicht nur ein Wohlfahrtsverband, der soziale Dienste und Einrichtungen bereitstellt, sondern versteht sich zugleich als Verband mit gesellschaftspolitischem Auftrag. Zu diesem Selbstverständnis gehört, dass die AWO als einziger Wohlfahrtsverband das Subsidiaritätsprinzip ablehnt und in ihrem Programm den Vorrang kommunaler und staatlicher Verantwortung in der Wohlfahrtspflege reklamiert.

Die AWO, die als vergleichsweise finanzschwach gilt, ist ein Mitgliederverband mit ungefähr 640.000 persönlichen Mitgliedern; der Verband gliedert sich in 32 Landes- bzw. Bezirksverbände, 471 Kreisverbände sowie 3.879 Ortsvereine. Obwohl die AWO nahezu flächendeckend in allen Arbeitsbereichen sozialer Dienstleistungen tätig ist, ist sie (mit einem Anteil von 9,2 % an den Einrichtungen der Freien Wohlfahrtspflege) ein kleiner Wohlfahrtsverband.

Der 1897 gegründete *Deutsche Caritasverband* (DCV) ist der Wohlfahrtsverband der katholischen Kirche in Deutschland, dessen Arbeit auf den Grundsätzen und Werten des katholischen Glaubens aufbaut. In der alltäglichen Arbeit spielt die ‚tätige Liebe' der Laien eine wesentliche Rolle, während administrative Funktionen überwiegend von der Amtskirche wahrgenommen werden. Der Caritasverband umfasst 27 Diözesanverbände mit 607 Orts-, Kreis- und Bezirksverbänden, 276 caritativen Ordensgemeinschaften sowie 19 Fachverbänden. Mit einem Anteil von 29,2 % an allen Einrichtungen der Freien Wohlfahrtspflege ist der Caritasverband der größte Wohlfahrtsverband in der Bundesrepublik.

---

4 Die in der Wohlfahrtsverbändeforschung zentralen Konzepte zur Beschreibung der spezifischen Struktur und Funktionsweise der Wohlfahrtsverbände als soziale Organisationen (Theorien des Dritten Sektors, Intermediäre Organisation) werden erst an späterer Stelle vorgestellt (vgl. 3.1), da diese weniger als Voraussetzung dieser Arbeit, sondern vielmehr als Erklärungsansätze zur Beantwortung der zuvor entworfenen Problemstellung angesehen werden.

Der *Deutsche Paritätische Wohlfahrtsverband* (DPWV) wurde 1920 auf Betreiben der bis dahin unabhängigen Krankenanstalten gegründet, da im beginnenden Wohlfahrtskorporatismus der Weimarer Republik auch für diese Einrichtungen eine zentralstaatliche Verbandsbildung wichtig wurde. Der DPWV gilt als ‚Quasi-Weltanschauungsverband', der seine Arbeit auf den Prinzipien der Pluralität, Toleranz und Offenheit gründet. Durch diese allgemeine weltanschauliche Basis war es möglich, sich auch später weiteren gesellschaftlichen Gruppen zu öffnen: Während sich die übrigen etablierten Wohlfahrtsverbände mit der Selbsthilfebewegung der 1980er Jahre sehr schwer taten, wurde der DPWV zu einem Sammelbecken der zahlreichen neuen Vereine und Initiativen (Merchel 1989).

Nicht zuletzt in dieser Funktion als Sammelbecken der Selbsthilfeinitiativen versteht sich der DPWV bisher als ein Dachverband, der gemeinsam mit seinen 16 Landesverbänden und 280 Kreisgeschäftsstellen die ungefähr 9.000 Mitgliedsorganisationen (21,5 % aller Einrichtungen in freier Trägerschaft) vor allem durch organisatorische Dienstleistungen, wie etwa die fachliche Beratung, bei der Bewältigung ihrer Aufgaben unterstützt.

Das *Deutsche Rote Kreuz* (DRK) wurde 1921 als nationale Hilfsgesellschaft zur Versorgung von verwundeten Soldaten im Sinne der internationalen Rotkreuz- bzw. Rothalbmondbewegung gegründet und besitzt in dieser Funktion einen völkerrechtlichen Sonderstatus. Durch die zunehmende Übernahme weiterer Aufgaben, zunächst in der Krankenpflege, später in weiteren Bereichen sozialer Dienstleistungen, erhielt das DRK eine spezifische Doppelstruktur, die es bis heute kennzeichnet: es ist nationale Rotkreuzgesellschaft *und* Wohlfahrtsverband zugleich.

Satzungsgemäß orientiert sich das DRK an den Grundsätzen der Menschlichkeit, Unparteilichkeit, Neutralität sowie Freiwilligkeit und kann daher ebenso wie der DPWV als ‚quasiweltanschaulicher' Wohlfahrtsverband bezeichnet werden. Das DRK gliedert sich in 19 Landes- und 538 Kreisverbände, deren Einrichtungen – hier dominieren die Krankenhäuser – 13,8 % aller Einrichtungen in wohlfahrtsverbandlicher Trägerschaft ausmachen.

Das *Diakonische Werk der Evangelischen Kirche in Deutschland* (DW), aus dem Zusammenschluss der 1848/49 gegründeten Inneren Mission und dem Hilfswerk der Evangelischen Kirche in Deutschland hervorgegangen, ist der Wohlfahrtsverband der evangelischen Kirche, dessen Arbeit auf der im Protestantismus verankerten Umweltbezogenheit religiösen Handelns aufbaut. In der Gliederung überlagern sich das Regional- und das Fachprinzip, weshalb neben den 24 Landeskirchen mit ihren Gemeinden etwa 100 Fachverbände Mitglied des DW sind. Mit einem Anteil von 26,1 % an allen Einrichtungen der Freien Wohlfahrtspflege ist das *Diakonische Werk* nach der katholischen *Caritas* der zweitgrößte Wohlfahrtsverband.

Die *Zentralwohlfahrtsstelle der Juden in Deutschland* (ZWSt) wurde 1917 als Dachverband für jüdische Organisationen und Wohlfahrtseinrichtungen gegründet. Nachdem sie von den Nationalsozialisten zwangsaufgelöst worden war, konnte die Zentralwohlfahrtsstelle 1952 in der Bundesrepublik wiederbegründet werden. Vor dem Hintergrund der Erfahrung des Holocaust hat sich ein spezifisches Verständnis jüdischer Sozialarbeit herausgebildet; der Verband bietet vor allem Dienste in der Jugend- und Altenarbeit an, die in enger Beziehung zum Gemeindeleben stehen. In ihrem Selbstverständnis ist es begründet, dass die Zentralwohlfahrtsstelle Träger von nur sehr wenigen Einrichtungen sozialer Dienste und Einrichtungen ist.

Wegen ihrer besonderen Rolle innerhalb der Freien Wohlfahrtspflege sowie fehlender Präsenz in dem für die Fallstudie ausgewählten Feld institutioneller Kinderbetreuung in der Stadt Göttingen können die Überlegungen, die im weiteren Verlauf der Arbeit angestellt werden, nicht auf die Zentralwohlfahrtsstelle bezogen werden.

Für die *Caritas* und die *Diakonie* wurde bereits darauf verwiesen, dass sie der Wohlfahrtsverband der katholischen bzw. evangelischen Kirche sind. Zugleich wird aber eine christlich orientierte Sozialarbeit auch von den Kirchen, insbesondere den Kirchengemeinden vor Ort, die ebenfalls anerkannte Träger der Freien Wohlfahrtspflege sind, betrieben. Dies gilt besonders in der institutionellen Kinderbetreuung, da viele Kirchengemeinden als Träger einer

Kindertagesstätte fungieren. Hier könnte durchaus zwischen kirchlicher und wohlfahrtsverbandlicher Trägerschaft unterschieden werden. Jedoch ist die Verbindung von *Caritas* und *Diakonie* mit den jeweiligen Kirchenorganisationen so eng (vgl. Flierl 1982: 26ff.), dass eine strikte Unterscheidung für das Erkenntnisinteresse dieser Arbeit als nicht notwendig erachtet wird.

Neben den Wohlfahrtsverbänden und großen Kirchen bestimmen seit ungefähr zwanzig Jahren weitere vereinsförmig organisierte freie Träger das Bild sozialer Dienste und Einrichtungen im deutschen Sozialstaat. Sie wurden in bewusster Abgrenzung gegenüber den Wohlfahrtsverbänden, die als parastaatliche Bürokratien kritisiert wurden, gegründet; von diesem Selbstverständnis sind diese unterschiedlichen Initiativen bis heute geprägt.

Je nach ihrer Hilfeorientierung und Organisationsstruktur unterscheidet die sozialwissenschaftliche Forschung drei Typen dieser Initiativen (vgl. hierzu Bäcker et al 2000: 339ff.).

Innenorientierte Selbsthilfegruppen setzen sich aus Personen mit identischen Problemen (z.B. pflegende Angehörige, bestimmte Krankheiten) zusammen, die sich „unentgeltlich und zumeist auch ohne besondere Qualifikationen gegenseitig helfen" (ebd.). Die Hilfe dieser Gruppen richtet sich ausschließlich auf die eigenen Mitglieder, während *außenorientierte Selbsthilfegruppen* zusätzlich auf die Außenwirkung ihres Engagements setzen: indem die sozialen Dienstleistungen auch Nicht-Mitgliedern angeboten werden, kann der potentielle Mitgliederkreis und der Bekanntheitsgrad der Selbsthilfegruppe gesteigert werden. Dadurch kann unter günstigen Umständen die Organisation verstetigt werden, nicht selten wird die Beschäftigung professioneller Mitarbeiter möglich. Dies ist bei *Selbsthilfeinitiativen*, deren Mitglieder sich nicht nur aus eigener, sondern auch aus „solidarischer Betroffenheit" (dies. 2000: 340) engagieren, eher die Regel. Diese Vereine, wie zum Beispiel der Kinderschutzbund, bei denen „die Übergänge zu den organisierten Verbänden bereits fließend" (ebd.) sind, verbinden das Angebot sozialer Dienstleistungen mit einer auf staatliche Sozialpolitik und gesellschaftliche Gruppen gerichtete Außenwirkung, wodurch auf soziale Probleme aufmerksam gemacht werden soll.

Diese Typologie ist nicht nur für eine statische Unterscheidung der verschiedenen Selbsthilfegruppen geeignet, sondern trägt auch zum Verständnis einzelner ‚Vereinsbiographien' bei. So ist eine Entwicklung von *innenorientierten* zu *außenorientierten Selbsthilfegruppen* ebenso denkbar wie deren Weiterentwicklung in Richtung Selbsthilfeinitiativen. Diese Überlegungen können im Bereich institutioneller Kinderbetreuung zur Analyse unterschiedlicher Initiativen zur Ergänzung kommunaler und wohlfahrtsverbandlicher Angebote herangezogen werden. Sie sind darüber hinaus auch für die bereits vorgestellten Wohlfahrtsverbände relevant (vgl. auch 2.2), die in ihrer heutigen Form aus der verbandsähnlichen Fremdhilfe, bei der unentgeltliches Engagement eine immer geringer werdende Rolle spielte, hervorgegangen sind (dies. 2000: 341).

2.2 Von der Subsidiarität zur Partnerschaft: Ursprünge und Strukturmerkmale des Korporatismus im Sozialsektor

Eine tragfähige Einschätzung aktueller gesellschaftlicher Entwicklungen ist meines Erachtens nach nur vor dem Hintergrund sozialgeschichtlicher Erkenntnisse möglich. Dies gilt auch für die Organisation sozialer Dienstleistungen im bundesdeutschen Sozialstaat. Die für die Freie Wohlfahrtspflege bedeutsamen Umweltveränderungen (vgl. 2.3) werden erst in Kenntnis der historischen Konstellationen verständlich. Eine so verstandene Einordnung der Wohlfahrtsverbände in die deutsche Gesellschaftsgeschichte soll in diesem Abschnitt skizzenhaft vorgenommen werden (2.2.1). Ich orientiere mich dabei an einer in der Forschungsliteratur übereinstimmend vorgenommenen Phaseneinteilung in fünf für das Zusammenspiel von öffentlicher und freier Wohlfahrtspflege wesentliche Entwicklungsschritte, die den Weg zur Spitzenverbandsbildung und korporatistischen Einbindung der Wohlfahrtsverbände nachzeichnen. Vor dem Hintergrund der historischen Skizze ist dann eine an der sozialwissenschaftlichen Forschung orientierte Darstellung des korporatistischen Verflechtungssystems (2.2.2) möglich.

2.2.1 *Zur Geschichte der Wohlfahrtsverbände und der dualen Wohlfahrtspflege in Deutschland*

Zahlreiche bürgerliche und konfessionelle lokale Vereine, die, getragen von Spenden und ehrenamtlichem Engagement, die private Wohltätigkeit organisierten, entstanden vor allem zwischen der 1848er-Revolution und der Bismarckschen Reichsgründung 1871 als Reaktion auf die durch die Industrialisierung hervorgerufenen sozialen Probleme (Sachße 1995). Am Beginn der modernen Wohlfahrtspflege steht somit eine „bewusste *Entstaatlichung* dieses gesellschaftlichen Aufgabenfeldes“ (Kaiser 1995: 150). Die aus den konfessionellen Vereinen hervorgegangenen überregionalen Verbände der protestantischen *Inneren Mission* und der katholischen *Caritas* entwickelten mit der von ihnen vorgenommenen Spitzenverbandsbildung ein zunächst dysfunktionales Organisationsmodell, das sich im Wohlfahrtsstaat der Weimarer Republik als zukunftsweisend herausstellen sollte; zunächst spielte diese Organisationsform jedoch eine nur untergeordnete Rolle (Tennstedt 1992: 348).

Die Spitzenverbandsbildung der konfessionellen Wohlfahrtspflege erwies sich im Kaiserreich deshalb als zunächst dysfunktional, da auf Seiten der politischen Institutionen ein zentralstaatlicher Ansprechpartner fehlte – denn noch unterlag die Sozialfürsorge kommunaler Verantwortlichkeit. Diese Situation änderte sich im Verlauf des Ersten Weltkrieges dahingehend, dass – bedingt durch die Organisation der Kriegswohlfahrtspflege im Kontext des ‚Gesetzes über den Vaterländischen Hilfsdienst‘ (1916) – die öffentliche Wohlfahrtspflege zunehmend zentralstaatlich geplant wurde. Hier nun konnten sich die entstehenden Spitzenverbände als ähnlich strukturierte Kooperationspartner zum eigenen Vorteil in die Verhandlungen über die Ausgestaltung der Kriegsfürsorge und der Einbeziehung ihrer Mitarbeiter und Einrichtungen einbringen. Somit löste der soziale Wandel des Ersten Weltkrieges auch im Aufgabenfeld der Sozialen Arbeit einen immensen Modernisierungsschub aus, der das für die weitere Entwicklung der Wohlfahrtspflege in Deutschland wegweisende System der Spitzenverbandsbildung im Bereich der nicht-staatlich organisierten Sozialfürsorge institutionalisierte.

An diese Entwicklung konnte im Wohlfahrtsstaat der Weimarer Republik direkt angeknüpft werden. Entscheidend dafür war zum einen die Tatsache, dass der in der Zentrums-Partei organisierte politische Katholizismus das Prinzip der verbandlichen Subsidiarität in den Reichsfürsorgegesetzen gegen das Prinzip der Verstaatlichung der Sozialpolitik durchsetzen konnte (Sachße 1994a). In der Folge gerieten auch nicht-konfessionelle Träger der Wohlfahrtspflege in den Sog der Spitzenverbandsbildung (*AWO*, später *DPWV*), die sich nun, da zum anderen den zentralstaatlichen Institutionen sozialpolitische Kompetenz übertragen wurde, als funktional erwies. Insofern entwickelte sich insgesamt

> „die Organisation der Freien Wohlfahrtspflege [...] als verbandliches Pendant zum Ausbau eines zentralisierten Wohlfahrtsstaates. Die Bildung von Spitzenverbänden ist zu verstehen als Angleichung an die Strukturen öffentlicher Verwaltung, die nicht mehr primär auf die Erbringung sozialer Dienste und Leistungen, sondern auf die Beschaffung von Finanzmitteln und die Beeinflussung der Gesetzgeber bezogen war. Öffentliche und Freie Wohlfahrtspflege wurden zu einem ‚wohlfahrtsindustriellen Komplex' verkoppelt, innerhalb dessen sowohl die Problemdefinition und Aufgabenformulierung wie auch die anstehenden Lösungsmuster exklusiv verhandelt wurden. Den Spitzenverbänden der Freien Wohlfahrtspflege kam dabei eine monopolartige Stellung bei der Interessen- und Politikformulierung im Wohlfahrtssektor im Ausschluss aller nichtorganisierten Interessen zu" (Tennstedt 1992:352).

Im nationalsozialistischen Regime konnten die konfessionellen Wohlfahrtsverbände zunächst ihre traditionellen Arbeitsfelder (Anstaltspflege) in relativer Selbstständigkeit behaupten, während die übrigen Verbände aufgelöst (*ZWSt, AWO*) oder in der *Nationalsozialistischen Volkswohlfahrt (NSV)* gleichgeschaltet (*DPWV*) wurden. Im Rahmen der nationalsozialistischen Kriegspolitik verloren jedoch auch die konfessionellen Wohlfahrtsverbände ihre

Arbeitsbereiche und wurden durch staatliche Repression und sozialpolitischen Rückbau systematisch zurückgedrängt, so dass am Ende des nationalsozialistischen Regimes nahezu sämtliche Organisations-, Mitglieds- und Einrichtungsstrukturen der vormals etablierten Freien Wohlfahrtspflege zerstört waren.

Demgegenüber ist „die Entwicklung der Nachkriegszeit in der Bundesrepublik Deutschland [...] dadurch gekennzeichnet, dass die bis 1933 entwickelten Formen und institutionellen Regelungen eines dualen Wohlfahrtsstaales festgeschrieben und ausgebaut wurden" (Tennstedt 1992: 354). Mehr noch: Durch die gesetzliche Normierung in der Fürsorgegesetzgebung der 1960er Jahre (BSHG, JWG) und die anschließende Bestätigung durch das Bundesverfassungsgericht (Subsidiaritätsurteil, 1967) wurde das Subsidiaritätsprinzip und das dadurch begründete Nebeneinander öffentlicher und freier Wohlfahrtspflege „endgültig und weitgehender als in der Weimarer Republik festgeschrieben" (Tennstedt 1992: 354, Sachße 1994a). Im Rahmen der kodifizierten gesetzlichen Bestandsgarantie der Wohlfahrtsverbände als freie Träger „bei gleichzeitiger Förderungsverpflichtung und Gesamtverantwortung der öffentlichen Träger" (Sachße 1995: 123) konnten sich die sechs Spitzenverbände der Freien Wohlfahrtspflege in der jungen Bundesrepublik konsolidieren und in der *Bundesarbeitsgemeinschaft der Freien Wohlfahrtspflege e.V. (BAG)* eine gemeinsame, zentralstaatlich orientierte Interessenvertretung etablieren, die großen Anteil am sozialstaatlichen Wachstum der Wohlfahrtsverbände hatte. In dem Maße, in dem sich die Zusammenarbeit von öffentlichen und freien Trägern intensivierte, konnte allerdings nicht mehr von einem subsidiären Verhältnis als vielmehr von einem korporatistischen Verflechtungssystem gesprochen werden.

2.2.2 *Staat und Wohlfahrtsverbände: Strukturmerkmale des Korporatismus in der sozialpolitischen Interessenvermittlung*

Die Geschichte Freier Wohlfahrtspflege in Deutschland lässt sich interpretieren als eine Entwicklung der Wohlfahrtsverbände von zunächst lokalen Vereinen zu zentralstaatlich organisierten Verbänden, die in ein korporatistisehes Verflechtungssystem eingebunden sind, auf das nun näher eingegangen werden soll.

Dabei ist zunächst zu fragen, was der schillernde Begriff des Korporatismus beschreibt. „Im Zentrum neokorporatistischer Konzepte steht die Integration und funktionale Repräsentation von Großverbänden in der staatlichen Politik in liberalen westlich-demokratischen Gesellschaften" (Heinze/Olk 1981: 96). Mit dem Korporatismus-Begriff hat die Politikwissenschaft und Politische Soziologie vor allem zum Verständnis unterschiedlicher Strategien und Strukturen der Konfliktregulierung zwischen Kapital und Arbeit durch die „Inkorporierung der ökonomischen Spitzenverbände (Gewerkschaften/Arbeitgeberverbände) in staatliche Steuerungsprozesse" (ebd.) beigetragen. Während einige Autoren die Anwendung des Korporatismus-Begriffs auf tripartistische Interessenvermittlungssysteme beschränken, hat sich in seiner jüngeren Verwendung gezeigt, dass es sich dabei weniger um eine Theorie als vielmehr „eine Forschungsstrategie von erheblichem heuristischen Nutzen" handelt (Backhaus-Maul 2000: 23, vgl. Heinze/Voelzkow 1998), die empirische Arbeiten in den unterschiedlichsten Politikfelder anleiten kann.[5]

Außerdem lässt sich durch diese Erweiterung ein steuerungstheoretisch orientierter Korporatismus-Begriff herausarbeiten, der dann sämtliche politischen Verhandlungssysteme beschreibt, „in denen es um die [...] diskursive Abstimmung zwischen den Zielsetzungen und Handlungsprioritäten des staatlichen Subsystems einerseits und (einigen) weiteren relevanten gesellschaftlichen

5 Die inzwischen weitverzweigte Theoriediskussion zum Korporatismus-Begriff kann hier nicht weiterverfolgt werden (vgl. Reutter 1991).

Aktorgruppen andererseits geht" (Heinze/Olk 1984: 176). Dieser Auffassung entsprechend ist politische Steuerung in modernen Gesellschaften nur noch dann möglich, wenn „ein Teil der Souveranität des Staates [...] im Hinblick auf die Formulierung und Umsetzung von Politik gegen den Sachverstand, die Legitimität und den Einigungswillen gesellschaftlicher Akteure ausgetauscht wird", (ebd.).[6] Hinsichtlich dieser steuerungstheoretischen Prämisse jedoch ist eine korporatistische Verflechtung gesellschaftlicher und staatlicher Akteure weder theoretisch notwendig noch empirisch dominant. Daher ist zunächst zu überprüfen, welche Typen institutioneller Interessenvermittlung im Sozialsektor der Bundesrepublik Deutschland anzutreffen sind.

Adrienne Windhoff-Héretier unterscheidet in ihrem grundlegenden Aufsatz zur ‚Interessenvermittlung im Sozialsektor' „nach der Art der institutionellen Beteiligung von Betroffenengruppen" (1989: 109) die (1) *Selbstregulierung und Selbstverwaltung durch eine private Organisation* (z.B. Arbeitssicherheit und Unfallschutz), die (2) *paritätische Selbstverwaltung und Selbstregulierung* (z.B. in der gesetzlichen Krankenversicherung entlang der Konfliktlinien von Kapital und Arbeit sowie eine (3) *tri- bzw. mehrpartistische Regulierung und Verwaltung* (z.B. Konzertierte Aktion im Gesundheitswesen) durch Hinzunahme weiterer relevanter Betroffenengruppen. Gegenüber den Interessenvermittlungsformen dieser Typologie nimmt die als neokorporatistische Interessenvermittlung beschriebene Einbeziehung der ‚freien' Wohlfahrtspflege in die sozialpolitische Politikformulierung, auf die im Sinne der oben ausgeführten Erweiterung des Korporatismus-Begriffs erstmals Rolf G. Heinze und Thomas Olk (1981, 1984) aufmerksam gemacht haben, eine Sonderstellung ein. Wodurch zeichnet sich nun aber dieses korporatistische Verflechtungssystem aus?

Wohlfahrtsverbände sind aufgrund ihrer dem politischen System analogen Mehrebenenorganisation auf vielfältige Weise in sozialpolitische Politikprozesse eingebunden. So vertreten die Spitzenverbände auf Bundes- und Landesebene verbandspolitische Interessen im Politik- und Gesetzgebungsprozess. Sie nehmen in Anhörungen und vor Ausschüssen zu Gesetzesinitiativen Stellung

6 Unverkennbar spiegelt diese systemtheoretisch gefärbte Begriffsbestimmung die Luhmannsche Einsicht wider, dass „Gesellschaften weder eine hierarchische Spitze noch ein Zentrum haben" (Backhaus-Maul 2000: 23).

und beteiligen sich zum Beispiel an den Regelsatzverhandlungen der Sozialhilfe. Die kommunalen Verbandsgliederungen der Wohlfahrtsverbände sind zwar vor allem Dienstleistungsträger; zugleich bietet ihnen aber die kommunale Ebene, etwa im Jugendhilfeausschuss (vgl. 4.3.2 und 5), institutionellen Raum zu politischem Handeln (Backhaus-Maul 2000, Heinze/Strünck 1996: 297f). Auf allen Ebenen stehen die Wohlfahrtsverbände vor der schwierigen Aufgabe, die Interessen potentieller Klienten zu vertreten und zugleich eine Politik zu verfolgen, die ihnen die finanziellen Ressourcen zum Erhalt und Ausbau der eigenen Einrichtungen (‚Domänen') sichert.

Diese Form der Einbindung der Wohlfahrtsverbände in die sozialpolitische Interessenvermittlung weist bestimmte Steuerungsleistungen und -defizite sowie unterschiedliche Rückwirkungen auf die beteiligten Akteure auf, die Rolf G. Heinze und Thomas Olk meines Erachtens am prägnantesten erfaßt haben, weshalb ihre Darstellung hier ausführlich zitiert wird:

> „Der Staat bzw. die Kommunen beziehen eine begrenzte Anzahl mächtiger Wohlfahrtsverbände in die Formulierung und vor allem Umsetzung sozialpolitischer Programme ein und verzichten so auf einen Teil ihrer wohlfahrtsstaatlichen Gestaltungsautonomie. Auf diese Weise werden die wohlfahrtsstaatlichen Institutionen in die Lage versetzt, ihren Bedarf an Konsens gerade im Bereich […] rasch veränderlicher und diffuser Problemen, wie sie für diesen Aufgabenbereich typisch sind, zu sichern und zudem im Rahmen fachlicher Konsultierung die informationellen Ressourcen der Verbände zu nutzen. Der Einbezug vor allem konfessioneller Träger in die Umsetzung sozialpolitischer Maßnahmen reduziert die Wahrscheinlichkeit des Aufkommens öffentlicher Kritik […]. Darüber hinaus entlasten die Verbände den Staat auch auf finanzieller Ebene, da sie aufgrund ihrer besonderen Organisationsweise zusätzliche Ressourcen mobilisieren können. Demgegenüber sichern sich die verbandlichen Träger durch die Übernahme quasi-öffentlicher Funktionen bei der Implementation staatlicher Politik stabile Zugangsrechte zu bestandsnotwendigen Ressourcen und machen sich vom schwankenden Zufluss freiwillig erbrachter Zuwendungen […] unabhängig. Der Preis für die Wohlfahftsverbände besteht […]

vor allem darin, dass sie im Zuge der Übernahme immer weiterer öffentlicher Aufgaben zunehmend detailliertere Eingriffe in die inhaltliche Gestaltung ihrer Arbeit durch gesetzliche Auflagen und Kontrollen hinnehmen müssen" (1984: 180f.).

Korporatistische Interessenvermittlung im Sozialsektor kann somit kaum angemessen „als schlichtes Vorrang-Nachrang-Verhältnis [i.S. des sozialrechtlich normierten Subsidiaritätsprinzips, jw] beschrieben werden, vielmehr handelt es sich um einen komplexen Kooperationszusammenhang, der durch gegenseitige Abhängigkeiten und Verflechtungen zusammengehalten wird" (Backhaus-Maul/ Olk 1994: 107f). Die Folge ist eine vor allem „‚*paternalistische*' *Verwaltung* und Ausgestaltung von sozialpolitischen Maßnahmen durch staatliche/kommunale Behörden und freie Wohlfahrtsverbände, die sich *ohne* institutionalisierte Beteiligung von Klienten vollzieht" (Windhoff-Héretier 1989: 109). Die in anderen Politikfeldern anzutreffende Selbstregulierung durch betroffene Akteure wird in wesentlichen Bereichen der Sozialpolitik ausgeschlossen. Dieses Institutionengefüge wurde vielfach kritisiert, da es systematisch sozialpolitischen Strukturwandel verhindere (Aust 1993, Bauer 1991), gerade weil die Betroffenengruppen ausgeschlossen werden.

Neben diesen demokratietheoretischen Defiziten des Korporatismus in der deutschen Sozialpolitik ist nach der Zukunftsfähigkeit dieses Politikmodells zu fragen. Dabei ist zu bedenken, dass die korporatistische Interessenvermittlung während der Expansionsphase des deutschen Sozialstaats gemäß einer in der Policy-Forschung üblichen Unterscheidung verschiedener Politiktypen und ihrer Arenen in Bereichen prinzipiell *redistributiver* Politik etabliert wurde. Diese verläuft meist konfliktreich und polarisiert zwischen möglichen ‚Gewinnern' und ‚Verlierern'. Es dominieren selten wechselnde Koalitionen, die die wesentlichen Konfliktlinien des Politikfeldes repräsentieren.[7] Dies müsste zum Beispiel für die Politik der Regelsatzfixierung in der Sozialhilfe, die aufgrund ihrer potenziellen Verteilungswirkungen einen redistributiven Charakter auf-

7 Demgegenüber ist *distributive* Politik meist durch Konsens und Gleichgültigkeit gekennzeichnet, da keine Kosten für die beteiligten Akteure entstehen.
Diese Unterscheidung läßt sich auch mit der Begrifflichkeit der Spieltheorie als Gegenüberstellung von *Nullsummenspiel* (redistributiv) und *Positivsummenspiel* (distributiv) verdeutlichen.

weist, gelten. Am Beispiel der Armutspolitik des *DPWV* konnte jedoch Andreas Aust zeigen, dass dieses Politikfeld überhaupt erst „durch ein korporatistisches Verfahren der Aushandlung des Regelsatzes bei Ausschluss der eigentlichen Adressaten, welches sich über [...] die Leistungsexpansion legitimiert", gesteuert werden kann. Nur durch die Beschreibung der korporatistischen Interessenvermittlung lässt sich erklären, dass ein Politikfeld, das aufgrund des redistributiven Charakters der Sozialhilfe Konflikte strukturell fördert [...], über zwei Jahrzehnte ohne nennenswerte Probleme gesteuert werden konnte" (1993: 557). Gleiches gilt für die bislang erfolgreiche politische Steuerung lokaler Dienstleistungsproduktion durch korporatistische Verflechtungszusammenhänge.

Insgesamt ergibt sich der paradox anmutende Befund, dass sich mit der Wohlfahrtspflege ein Politikfeld herausgebildet hat, das lange Zeit nach Prinzipien *distributiver Politik* strukturiert war, obwohl aufgrund des Regelungsbereiches Strukturprinzipien *redistributiver Politik* erwartbar gewesen wären. Dieser Befund lässt sich, wie gezeigt wurde, mit der Beschreibung korporatistischer Strukturen sinnvoll erklären. Die Ausgestaltung des korporatistischen Aushandlungsverfahrens und dessen Legitimation über eine andauernde Leistungsexpansion impliziert auch, „dass der Abbau von Leistungen zu einer Krise dieses Modells führen muss" (ebd.). Dies scheint heute mehr denn je der Fall zu sein, und es ist deshalb eine vordringliche Aufgabe dieser Arbeit, die am Horizont aufscheinenden Strukturen postkorporatistischer Politikmuster in Kenntnis der korporatistischen Strukturen zu beschreiben.

2.3 Die Freie Wohlfahrtspflege vor neuen Herausforderungen? Zur Transformation der Verbändewohlfahrt am Ende des 20. Jahrhunderts

Gegenüber der beeindruckenden historischen Stabilität der Wohlfahrtsverbände und ihrer beständigen Einbeziehung in das sozialstaatliche Geschehen suggeriert die derzeitige fachpolitische *und* sozialwissenschaftliche Debatte um die Transformation der Verbändewohlfahrt dramatische Veränderungen. Es handelt sich hier um eine Vielzahl paralleler politisch-sozialer Entwicklungen, „die insgesamt zu der Schlussfolgerung zwingen, dass [...] es sich um eine grundsätzliche Neubestimmung der traditionellen Aufgabenverteilung zwischen Staat [...] und subsidiarem Bereich handelt, dessen Folgewirkungen auf den gesamten Bereich der freien Wohlfahrtspflege und privatgemeinnützigen Trägerschaften wirken“ (Kulbach/Wohlfahrt 1996: 112). Für die Spitzenverbände der Freien Wohlfahrtspflege hat der staatlicherseits angestrengte „Führungswechsel vom korporativen Arrangement zur Marktsteuerung“ (Nokielski/Pankoke 1996: 148) im Bereich sozialer Dienstleistungen gegenüber der Auseinandersetzung mit der Selbsthilfebewegung der letzten zwanzig Jahre eine neue Qualität: Während sie sich in der Konfrontation mit den alternativen Gruppen durch ihre Integration in das eigene System behaupten konnten, ist das Beharren auf bestehenden Privilegien heute obsolet geworden. Nun muss es vielmehr darum gehen, „durch polltische Einflussnahme im Konkurrenzkampf Vorteile zu sichern und so eine Marktschließung zu erreichen“ (ebd.).

Die gegenwärtigen Herausforderungen lassen sich am geeignetesten als politisch inszenierte Ökonomisierung sozialer Dienstleistungsproduktion

(2.3.1) begreifen, auf die die Wohlfahrtsverbände mit intendiertem und nicht-intendiertem organistionalen Wandel (2.3.2) reagieren.

2.3.1 *Vom Korporatismus zur autorativen Wettbewerbspolitik? Veränderungen der Staat-Verbände-Beziehungen im Sozialsektor*

Als sich Ende der 1980er Jahre abermals die öffentliche Finanzkrise im politischen Bewusstsein festsetzte, wurden Konzepte zu einer Verwaltungsmodernisierung entwickelt, deren Umsetzung auf allen Verwaltungsebenen der Kommunal-, Landes- und Bundesverwaltungen die Rahmenbedingungen wohlfahrtsverbandlichen Handelns nachhaltig verändern.

Die Verwaltungsmodernisierung soll nach dem Leitbild des „New Public Management" zu wirtschaflichem Verwaltungshandeln anleiten und durch interne Aufgabenkritik und externe Aufgabenübertragung zur Staatsentlastung beitragen (Bogumil/Kißler 1997). Als wichtiges und prominentes Steuerungsinstrument wurde im Zuge der Verwaltungsmodernisierung das Kontraktmanagement eingeführt. Danach vergeben Kommunalverwaltungen aufgabenbezogene Verträge, zum Beispiel für die Bereitstellung einer sozialen Dienstleistung, deren Erfüllung mit einem für einen bestimmten Zeitraum festgelegten Budget vergütet wird. Mögliche Gewinne und Verluste bei der vertraglich geregelten Dienstleistungsproduktion werden durch dieses Verfahren auf den jeweiligen Träger überwälzt (vgl. Grunwald 2001: 61 ff.).[8]

Dieses neue Vertragsverhältnis zwischen Wohlfahrtsverbänden und staatlichen Akteuren wird in zentralen Bereichen der Sozialgesetzgebung rechtlich normiert. Insbesondere das Kinder- und Jugendhilfegesetz (KJHG)[9], das refor-

8 Kontraktmanagement stellt jedoch nicht nur ein Instrument für effizientes Verwaltungshandeln dar. Vielmehr sind die Verhandlungen budgetierter Verträge häufig eingebettet in kommunale Sparpolitik und stellen daher eine Gefährdung der Fachlichkeit sozialer Arbeit dar (Grunwald 2001: 67, vgl. Kap. 5).

9 Das Kinder- und Jugendhilfegesetz führt die offizielle Bezeichnung ‚Achtes Buch Sozialgesetzbuch' (SGB VIII); analog zur wissenschaftlichen und fachpolitischen Literatur verwende ich in dieser Arbeit die Bezeichnung KJHG.

mierte Bundessozialhilfegesetz (BSHG) sowie das Pflegeversicherungsgesetz (PflegeVG) zeigen an, „welchen ordnungspolitischen Status der Gesetzgeber Wohlfahrtsverbänden als Verhandlungspartnern und Leistungsträgern beimisst“ (Backhaus-Maul/Olk 1994: 123): Bei unterschiedlichen Nuancierungen zwischen den genannten gesetzlichen Regelungsbereichen eröffnet die neuere Sozialgesetzgebung ordnungspolitische Potenziale zur Pluralisierung der Anbieterstrukturen sozialer Dienste.

Gegenüber der bisherigen Zuschusspraxis werden Kontraktverhandlungen zwischen den Kommunalverwaltungen und potenziellen Dienstleistungsanbietern eingeführt. Es werden nun auch privatgewerbliche Verhandlungspartner neben den Wohlfahrtsverbänden anerkannt, die dadurch unter Rationalisierungsdruck geraten. Um die für den Organisationserhalt notwendigen ‚Domänen‘ sichern zu können, sind sie nun gezwungen, ihre Dienste günstiger als die privatwirtschaftliche Konkurrenz anzubieten. Dieser Zwang verschärft sich im Kontext des PflegeVG, in dem den Dachverbänden privatgewerblicher Dienstleistungsträger die Teilnahme an Pflegesatzverhandlungen ermöglicht wird. Es entspricht der Logik der Pflegeversicherung, dass sich die Pflegekassen, die an der Festschreibung niedriger Pflegeentgelte interessiert sind, an den vermutlich niedrigeren Vorschlägen der privatgewerblichen Dachverbände orientieren, denen sich die Wohlfahrtsverbände dann anpassen müssen, wollen sie am (lukrativen) Pflegemarkt partizipieren (Strünck 2000a). Die Mitgliedsorganisationen der Freien Wohlfahrtspflege sind somit gezwungen, mit betriebswirtschaftlichen Reformen auf sich wandelnde Umwelten zu reagieren (vgl. 2.3.2).

Die Bedeutung der Verwaltungsmodernisierung und die Auswirkungen des Kontraktmanagements auf die zukünftige Rolle der Wohlfahrtsverbände im deutschen Sozialstaat wird bislang von der Forschung unterschiedlich bewertet. Auf der einen Seite interpretieren einige Autoren die durch die Verwaltungsmodernisierung auf den Weg gebrachten Veränderungen als eine eindeutige Deprivilegierung der verbandlichen Subsidiarität (Backhaus-Maul/Olk 1994). Dem steht die Auffassung gegenüber, es deute sich lediglich eine ‚Modernisierung‘ der korporatistischen Strukturen an: „Kontraktmanagement scheint nicht die Pluralisierung der Trägerlandschaft zu beschleunigen, sondern das System der etablierten Organisationen zu stabilisieren" (Heinze/ Strünck 1996: 300). Dieser Befund wird durch die Beobachtung gestützt, dass – zumindest in Westdeutschland – die Wohlfahrtsverbände ihre angestammten ‚Domänen' auch in den 1990er Jahren behaupten, wenn nicht gar ausbauen konnten. Für eine Stabilität der verbandlichen Wohlfahrtspflege im gesellschaftlichen Wandel spricht darüber hinaus die Entwicklung des *DPWV* (Strünck 1995): Konnte dieser bisher als ein vergleichsweise gering strukturierter Dachverband zur Beratung insbesondere kleiner, autonomer Träger auf kommunaler Ebene verstanden werden (Merchel 1989), so leistet das Kontraktmanagement einen Beitrag dazu, „die Sonderrolle des *DPWV* allmählich aufzulösen" (Strünck 1995: 350). Dieser Verband ist nun im Begriff, immer mehr zentral-bürokratische Organisationsstrukturen herauszubilden, was sich zum Beispiel in der Tatsache niederschlägt, dass erstmals in der Verbandsgeschichte finanzielle Ressourcen zentral verwaltet werden. Diese Entwicklung spricht weniger für eine Pluralisierung der Anbieterstruktur als vielmehr für die Strukturierung des Marktes für soziale Dienstleistungen als einem ‚closed shop', in dem der bisherige Vorrang der Wohlfahrtsverbände in einer ‚modernisierten' Form fortgeschrieben wird.

Gleichwohl wandelt sich die Rolle der Wohlfahrtsverbände von einem öffentlich zugeschriebenen privilegierten *Status* zu einer auf punktuellen *Kontrakten* beruhenden Einbindung in das sozialstaatliche Geschehen (Heinze/ Schmid/Strünck 1997: 257ff., Strünck 2000a: 53). In diesem Zusammenhang verändern sich die Politikmuster der dualen Wohlfahrtspflege: Während zuvor eher einvernehmliches Verhandeln und Kooperieren dominierte, wird heute immer mehr konflikthaftes Aushandeln erkennbar (Backhaus-Maul/ Olk 1998).

Zusammenfassend kann festgehalten werden, dass die Beziehungen zwischen staatlichen Akteuren und Wohlfahrtsverbänden einem „‚Stilwechsel' von einem kooperations- und verhandlungsorientierten Modus [...] zu einem autorativen und stärker auf regulative Politik zurückgehenden Regierungsstil" (ebd.: 131) unterliegen, der als Folge der öffentlichen Finanzkrise gedeutet werden kann.[10] Bei der sozialen Dienstleistungsproduktion wurde Wettbewerb politisch konstituiert, der allerdings vorerst auf die bisher dominierenden Träger beschränkt bleibt, obwohl eine „Neufassung des Subsidiaritätsprinzips unter Einschluss privatkommerzieller Anbieter“ (Zimmer 1996a: 294) anvisiert wurde. Die Zukunft wird zeigen, ob sich in diesem Zusammenhang ein neues Selbstverständnis Freier Wohlfahrtspflege herausbildet: die in Ostdeutschland erkennbare Entwicklung der Wohlfahrtsverbände zu ‚Versorgungsbetrieben für soziale Sicherheit und Gleichheit‘ (Angerhausen/Pabst/Schiebel 1997), die ihre Existenz ausschließlich durch die Übernahme kommunaler Pflichtaufgaben und die damit verbundene staatliche Alimentation sichern, könnte auch auf zukünftige Entwicklungen in Westdeutschland vorausdeuten. Ob und wie den Wohlfahrtsverbänden eine erfolgreiche Anpassung an die so veränderten Rahmenbedingungen gelingen kann und sie dadurch ihre Stellung auf den Dienstleistungsmärkten verteidigen können, bleibt zu überprüfen.

2.3.2 *Sozialmanagement und Organisationsentwicklung als Anpassungsstrategien der Freien Wohlfahrtspflege*

Wenn soziale Dienstleistungsproduktion immer mehr marktwirtschaftlichen Logiken folgt und zugleich die politische Basis einer korporatistischen Einbindung der Wohlfahrtsverbände in das sozialstaatliche Geschehen erodiert, stellt sich die Frage, wie diese intermediären Organisationen mit diesen Herausforderungen umgehen. Als Anpassungsstrategien auf Organisationsebene deutet sich in der fachpolitischen wie der sozialwissenschaftlichen Diskussion eine immer deutlichere Hinwendung zu Konzepten des Sozialmanagements und der Organisationsentwicklung an (vgl. Grunwald 2001). Die häufig herangezogene Managementliteratur soll hier jedoch nicht affirmativ referiert

10 Diese Einschätzung wird durch die Auswirkungen der europäischen Integration und der Vollendung des europäischen Binnenmarktes auf die duale Wohlfahrtspflege in Deutschland verstärkt (vgl. Evers 1997, Loges 1993, 1994, Schmid 1994). Die genaue Analyse dieser Entwicklungen erübrigt sich hier jedoch, da sie für die Zukunft der Wohlfahrtsverbände gegenüber nationaler Sozialpolitik vorerst marginal angesehen werden können (Sachße 1994b).

werden; vielmehr sollen an dieser Stelle erste Ergebnisse der kritischen Erforschung dieser organisationaien Prozesse vorgestellt werden, auf die auch im weiteren Fortgang der Arbeit rekurriert werden kann.

Im Zusammenhang einer Ökonomisierung sozialer Dienstleistungsproduktion analysiert Christoph Strünck (1996) Wohlfahrtsverbände als wirtschaftliche Akteure, die in die ‚Ungewissheit' unübersichtlicher Umweltsituationen, als die marktwirtschaftliche Konstellationen grundsätzlich verstanden werden können (Beckert 1996), vielfältig eingebettet sind. Für sie bieten sich zwar unterschiedliche Strategien zur ‚Reduktion von Komplexität' (Luhmann), die aber dann problematisch für die Organisation werden können, wenn sie jeweils nur eine Umweltsituation bearbeiten und dadurch die organisationsinternen Spannungen zwischen verschiedenen Aufgaben tendenziell verstärken. Dies gilt insbesondere für die Übernahme betriebswirtschaftlicher Managementkonzepte (‚Sozialmanagement') durch Wohlfahrtsverbände (Merchel 1995), die zwar den Ökonomisierungsdruck des Verbandes als Dienstleistungsbetrieb funktional sinnvoll bearbeiten können, seine unterschiedlichen Aufgaben als Betrieb, Verein und Interessenvertretung jedoch entkoppeln (Strünck 1996: 721f., Nährlich 1998). Durch die Ausgründung verbandseigener GmbHs wird hier versucht, den Gesetzen des Marktes besser Rechnung tragen zu können (Bäcker/Heinze/Naegele 1995: 120f); durch die hierfür notwendige Ablösung des ehrenamtlichen Vorstandes (vgl. Langnickel 1999) wird die Mitgliederbasis frustriert und die Entkoppelung zweier zentraler Funktionen des Wohlfahrtsverbandes ist vollzogen. Eine solche Entwicklung der Wohlfahrtsverbände zu ‚Versorgungsbetrieben für soziale Sicherheit', also eine eindeutige Zuspitzung der Organisationsstruktur auf die Dienstleistungsfunktion, deutet sich bereits in Ostdeutschland an (siehe oben).

Ähnlich problematisch kann auch der an einer Leitbilddiskussion orientierte Organisationsentwicklungsprozess in Wohlfahrtsverbänden verlaufen. Der Vergleich von Landesverbänden der *Diakonie* und des *DRK* zeigt, „dass die religiös-normative Wertbindung sowie die Organisationsstrukturen sich bei der Diakonie deutlich reformbremsend auswirken, während sich beim DRK keine derart negativen Effekte der Organisationskultur [...] feststellen lassen" (Nährlich/Zimmer 1997: 271). Somit wird deutlich, dass Organisationsreformen innerhalb einzelner Wohlfahrtsverbände kaum gegen gewachsene Organisationsstrukturen und -kulturen durchgeführt werden können.

Nicht zuletzt bleibt anzumerken, dass kaum Konzepte des Sozialmanagements und der Organisationsentwicklung vorliegen, die das Handeln der Wohlfahrtsverbände an theoretische Konzepte der Sozialen Arbeit rückkoppeln. Sozialmanagement erscheint aus diesem Grund bisher eher als eine Gefahr für die notwendige professionelle Ausgestaltung sozialer Dienstleistungen (Grunwald 2001), der sich die Wohlfahrtsverbände allerdings aufgrund externer Umweltanforderungen nicht verschließen können. Die Frage, wie es den Wohlfahrtsverbänden gelingen kann, diese organisationsinternen Widersprüche auszuhalten, soll ebenfalls weiterverfolgt werden.

2.4 Zwischenfazit: Alte Fragen auf neue Herausforderungen – Entwicklung einer Forschungsperspektive

Die hier referierten Überlegungen zu Stabilität und Wandel der Freien Wohlfahrtspflege in Deutschland sollten vor allem dazu dienen, erste Tendenzen des Wandels, der genauer untersucht werden soll, herauszuarbeiten. Dabei wurde bereits deutlich, mit welchen zentralen Fragen sich die Wohlfahrtsverbändeforschung bislang befasst hat. Diese Fragen nach der Rolle der Wohlfahrtsverbände im bundesdeutschen Sozialstaat und ihren strukturellen Besonderheiten als intermediäre Organisationen können im Rahmen dieser Arbeit erneut aufgegriffen und in Bezug auf das Neue der gegenwärtigen Umbruchsituation zugespitzt werden. Um eine mögliche Struktur dieses ‚Neuen' erkennen zu können, lohnt sich die Betrachtung unterschiedlicher historischer ‚Diskurse der Wohlfahrtspflege', mit denen das wechselnde öffentliche und fachpolitische Verständnis der Beziehungen zwischen öffentlicher und freier Wohlfahrtspflege erfasst werden kann.

Am Grundsätzlichsten wurde das Verhältnis von öffentlicher und freier Wohlfahrtspflege wohl im Zusammenhang des ‚Subsidiaritätsstreits' in den 1960er Jahren diskutiert; hier ging es nämlich um mehr als ‚nur' spezifische Probleme der (damaligen) Jugendfürsorgepolitik, sondern um eine prinzipielle Verständigung darüber, wie in der jungen Bundesrepublik das Verhältnis von Staat und Gesellschaft zu gestalten ist (Sachße 1994a). Das (sogenannte) Subsidiaritätsurteil des Bundesverfassungsgerichts von 1967, welches diesen ersten Schritt der ‚Diskursgeschichte' beschließt, ist in seinem juristischen Gehalt wohl vielfach überschätzt worden, da es nicht einen absoluten Vorrang freier Träger vorschreibt, sondern diesen Vorrang an die Bedingung der Wirtschaftlichkeit knüpft und zugleich eine partnerschaftliche Zusammenarbeit öffentlicher und freier Träger fordert (Fieseler/Herborth 1996). In seiner Wirkung für die Strukturierung des institutionellen Arrangements ist das Subsidiaritätsurteil jedoch von nachhaltiger Bedeutung, da eine verkürzende Interpretation des Urteils insbesondere in der Argumentation freier Träger (vgl. 5) dominiert. Wie der ‚Subsidiaritätsmythos', der Subsidiarität als absoluten Vorrang freier Träger definiert, derart wirkungsmächtig werden konnte, muss hier jedoch offen bleiben.

In der Praxis wurde bald die von den Karlsruher Richtern geforderte partnerschaftliche Zusammenarbeit dominant, die von den Sozialwissenschaften als korporatistisches Verflechtungssystem (vgl. 2.2.2) angemessen beschrieben werden konnte. Hieran entzündete sich dann auch im nächsten Schritt der ‚Diskursgeschichte' eine vehemente Kritik an den Wohlfahrtsverbänden. Als Alternativen zur etablierten Wohlfahrtspflege konstituierten sich unzählige Selbsthilfegruppen, die einer Bürokratisierung sozialer Hilfen, wie sie den Wohlfahrtsverbänden vorgeworfen wurde, entgegenwirken wollten. Diese Debatte um eine ‚Neue Subsidiarität' (Heinze 1986) dominierte in den 1980er Jahren, um unversehens am Ende des Jahrzehnts zu ‚versanden'. Über die Gründe können nur Vermutungen angestellt werden; nachdem die Selbsthilfebewegung in den Kommunen recht erfolgreich war, zwangen haushaltspolitische Restriktionen zu einer „Prioritätenverschiebung zu Ungunsten kleiner freier Träger". Diese kann nur als Ergebnis der Rationalisierungsmaßnahmen öffentlicher Träger verstanden werden, denn kleine freie Träger sind aus einer betriebswirtschaftlichen Perspektive die *„finanziell wie zeitökonomisch teurere Alternative"* (Nullmeier 1997: 166) zu den etablierten Wohlfahrtsverbänden.

In diesem Zusammenhang ist es dann auch nicht allzu erstaunlich, dass die Wohlfahrtsverbände in den 1990er Jahren ihr Wachstum fortsetzen konnten. Dennoch ist der ‚Diskurs der Wohlfahrtspflege' in den 1990er Jahren und bis heute von der Deprivilegierungsthese geprägt, die den Verlust staatlicher Alimentation und das Ausgeliefertsein marktwirtschaftlicher Logiken betont.

Der sozialwissenschaftliche Blick auf die gegenwärtigen Herausforderungen der Freien Wohlfahrtspflege verdeutlicht, wie voraussetzungsvoll ihre bisherige Stabilität tatsächlich gewesen ist. Aufgrund verschiedener gesellschaftlicher Prozesse schwinden die Voraussetzungen dieser Stabilität; staatliche Politik nimmt in diesem Zusammenhang eine Veränderung des Zusammenspiels mit den Wohlfahrtsverbänden vor, was zugleich nicht ohne Auswirkungen auf ihre Organisationswirklichkeit bleiben kann. Gerade die „Frage nach der Bedeutung der institutionellen Einbettung von Verbänden für die Transformation ihrer Interessen sowie umgekehrt die Frage nach dem Einfluss in Verbänden generierter Organisationsinteressen und dominanten Eigeninteressen auf das institutionelle sozialpolitische Umfeld“ (Strünck 2000a: 74f.) wird daher relevant. Dabei verstehe ich – ohne hier die umfangreiche Debatte um sozialwissenschaftliche Institutionen-Begriffe nachzeichnen zu können – politische Institutionen als „Regelsysteme zur Herstellung verbindlicher gesamtgesellschaftlicher Entscheidungen [...], die nicht nur auf formalen Festlegungen, sondern auch auf Organisationen, informellen Netzwerken sowie geteilten Orientierungen und Wertvorstellungen basieren“ (Angerhausen et al 1998: 16). In diesem Sinne kann das bisherige korporatistische Verflechtungssystem zwischen staatlichen Sozialverwaltungen und Wohlfahrtsverbänden als ein wichtiges *institutionelles* Arrangement in der deutschen Sozialpolitik angesehen werden: Ausgehend von formalen Festlegungen der für die Politikfelder maßgeblichen Gesetze haben sich formelle und informelle Orte des Verhandelns zwischen den beteiligten *Organisationen* herausgebildet; durch die langjährige Zusammenarbeit in derartigen Gremien konnten sich weitergehend gemeinsam geteilte Orientierungen herausbilden, die lange Zeit das gemeinsame Handeln angeleitet haben. Vermutlich weil es zu einer solchen Institutionalisierung gekommen ist, erscheint der gegenwärtige Wandel besonders den beteiligten Akteuren als so tiefgreifend.

Für die bereits in der Einleitung aufgeworfenen Fragen erweist sich also der Zusammenhang von Institution und Organisation im eben geschilderten Verständnis als grundlegend; dieser lässt sich jedoch nicht en bloc erfassen, weshalb es sinnvoll ist, für die empirische Untersuchung analytisch zwischen zwei

Ebenen mit je eigenen Leitfragen zu unterscheiden, wobei allerdings immer die Wechselbeziehung mit der jeweils anderen Ebene mitzubedenken ist:

(1) Die Makroebene der *Institution* der dualen Wohlfahrtspflege im deutschen Sozialstaat ist zunächst anhand ihrer formalen Regelungen und den darin aufgehobenen Wertorientierungen zu beschreiben. Da der Fokus der Arbeit sich aber auf die Rolle der Wohlfahrtsverbände richtet, ist sodann zu fragen, welche Verhandlungsposition diese innerhalb des institutionellen Arrangements einnehmen. Dabei ist zum Beispiel zu untersuchen, ob eher Organisationsinteressen vertreten werden oder ob eher die Wahrnehmung einer sozialpolitischen Anwaltsfunktion hervortritt. Dabei gilt es, mögliche Strukturen postkorporatistischer Beziehungen zwischen staatlichen Akteuren und den Wohlfahrtsverbänden herauszuarbeiten.

(2) Auf der Mikroebene der *Organisationen* öffentlicher und freier Wohlfahrtspflege lässt sich untersuchen wie die lokalen Trägerorganisationen auf gewandelte Umwelten reagieren. Dabei ist zu prüfen, inwiefern sich unterschiedliche Anpassungsstrategien herausarbeiten lassen und welche davon geeignet sind, Herausforderungen erfolgreich, d.h. bestandssichernd, zu bearbeiten. Deuten sich solche Unterschiede an, sind sodann günstige Voraussetzungen für die jeweilige Strategie herauszuarbeiten. Hier dürften sich Merkmale der jeweiligen Organisationsstruktur (Mitarbeiter, Finanzierung, Verbandszugehörigkeit) als relevant erweisen. Sind demgegenüber keine signifikanten Unterschiede auszumachen, würde dies auf eine Vereinheitlichung der Organisationen hindeuten, die dann als die dominante Wirkung relevanter Umwelten zu interpretieren ist. Eine solche Vereinheitlichung könnte zum einen der Reflex enger institutioneller Regelungen, zum anderen auch ein Ausdruck von Ökonomisierungstendenzen sein, die die einzelnen Verbände zu betriebswirtschaftlicher Organisation zwingen.[11]

Nun stellt sich die Frage, wie den aufgeworfenen Fragen am besten nachgegangen werden kann. Hier bietet sich vor allem eine qualitative Fallstudie an,

11 Aus Sicht der neo-institutionalistischen Organisationssoziologie (vgl. Hasse/Krücken 1999, Strünck 2000a) wäre ein solcher Isomorphismus, also die Ähnlichkeit von Organisationen in gleichen Umwelten, durchaus zu erwarten.

die eine umfassende Analyse eines begrenzten Falles erlaubt und dabei offen für die ‚Entdeckung' relevanter Variablen ist (Prittwitz 1994: 199f.). Als näher zu untersuchender Fall im Feld sozialer Dienstleistungsproduktion wird die institutionelle Kinderbetreuung ausgewählt, die als die politisch regulierte außerfamiliäre Tagesbetreuung von Kleinkindern in formalen Organisationen definiert werden kann.[12] Eine Fallstudie zur institutionellen Kinderbetreuung bietet sich an, da diese zunächst ein wichtiges Arbeitsfeld der Freien Wohlfahrtspflege darstellt. Trotz dieser empirischen Bedeutsamkeit tritt die Erforschung dieses Arbeitsfeldes sozialer Dienstleistungen gegenüber anderen Bereichen wie den Pflegediensten – diese haben erhebliche Aufmerksamkeit im Zusammenhang der Einführung der Pflegeversicherung auf sich gezogen (vgl. Strünck 2000a) – deutlich zurück (vgl. aber Domscheit/Kühn 1984), so dass zugleich versucht wird, in dieser Hinsicht eine Forschungslücke auszufüllen. Weiterhin gewinnt die Kinderbetreuungspolitik in aktuellen Diskussionen um eine Reform des Sozialstaats an Bedeutung, da die Ausweitung der Betreuungskapazitäten als wichtiges Instrument zur Verwirklichung des familien- und gleichstellungspolitischen Ziels der Vereinbarkeit von Familie und Beruf angesehen wird (vgl. Colberg-Schrader 1994).

Zugleich ist der 1992 verabschiedete Rechtsanspruch auf einen Kindergartenplatz ein wichtiger Anlass für politische Auseinandersetzungen über die konkrete Ausgestaltung institutioneller Kinderbetreuung und bietet somit die Möglichkeit zu empirischer Forschung auf allen politischen Ebenen. So rückte zum Beispiel in Niedersachsen im Jahre 1998 eine breit geführte Debatte um ein neues KITA-Gesetz, das als Folge des eingeführten Rechtsanspruchs verstanden werden muss, die Kinderbetreuungspolitik in den Mittelpunkt des Interesses; auf kommunaler Ebene lässt sich der Umgang mit bundes- und landespolitischen Regelungen untersuchen. Diesbezüglich lässt sich als erster Eindruck konstatieren: Im Spannungsfeld zwischen angespannten Kommunalfinanzen und dem Zwang zur Expansion im Kindergartenbereich durch den eingeführten Rechtsanspruch gerät der traditionelle lokale Korporatismus zwischen Sozi-

12 Informelle Betreuungsdienste bleiben somit ebenso von der Untersuchung ausgeschlosen wie die Betreuung in Tagespflege. Beide Möglichkeiten müssen jedoch als Alternative des bestehenden Systems mitbedacht werden (vgl. 4.1).

alverwaltung und Freier Wohlfahrtspflege in Bewegung, und es bleibt abzuwarten, in welche Richtung sich ihre Beziehungen verändern (vgl. exemplarisch für Harnburg: Nullmeier 1997). Diese Überlegungen sollen anhand der Fallstudie exemplifiziert werden. Für die problemorientierte Analyse wohlfahrtsverbandlicher Handlungsmöglichkeiten erweist sich dabei die kommunale Ebene als besonders wichtig (Manderscheid 1995).

Ich halte es an dieser Stelle für angebracht, meinen normativen Standpunkt kurz zu charakterisieren, da hiervon die Fragestellung und die Beurteilung der Ergebnisse nicht unbeeinflusst sein können. Meines Erachtens nach sichert die Arbeit der Wohlfahrtsverbände ein hohes Maß an Fachlichkeit bei der Organisation sozialer Dienste und Einrichtungen. Da sie zugleich unterschiedliche Wertorientierungen repräsentieren, ermöglicht ihre Existenz Wahlfreiheit bei der Inanspruchnahme sozialer Dienste und trägt somit der Pluralität der Gesellschaft Rechnung. Diese Berücksichtigung von Pluralität findet allerdings dort ihre Grenze, wo das System der Freien Wohlfahrtspflege andere, meist kleinere freie Träger verdrängt oder ausschließt; dies muss den Wohlfahrtsverbänden kritisch entgegengehalten werden.

3. Soziale Dienstleistungsproduktion im Wohlfahrtspluralismus: Zur Auswahl sozialwissenschaftlicher Erklärungsansätze

Vor dem Hintergrund der im vorangegangenen Kapitel vorgestellten Forschungsperspektive der Arbeit sind nun geeignete sozialwissenschaftliche Erklärungsansätze auszuwählen, die die Interpretation der erhobenen Daten anleiten sollen. Dabei gilt es, Erklärungsansätze auszuwählen, die geeignet sind, die Struktur und Dynamik wohlfahrtspluralistischer Arrangements zu erfassen. Zugleich sollen sie die Beschreibung und Interpretation sozialer Prozesse der Mikro- (Organisation) und Makroebene (Institution) anleiten können. Von dieser Prämisse ausgehend werden zunächst Theorien des Dritten Sektors (3.1) vorgestellt, die das Handeln intermediärer Organisationen erklären. Die Bedeutung institutioneller Arrangements stellen diverse sozialwissenschaftliche Forschungsansätze heraus; hier wird der inzwischen verbreitete Ansatz des ‚Akteurzentrierten Institutionalismus' (3.2) ausgewählt, der nicht nur die Bedeutung von Institutionen, sondern zugleich die Interdependenz von Akteuren und institutionellen Regelungen berücksichtigt.

3.1 Komparative Vorteile freiwilliger Vereinigungen zwischen Markt und Staat – Die Perspektive der Dritte-Sektor-Forschung

Soziale Dienstleistungen zeichnen sich durch spezifische Produkteigenschaften aus, die eine rein marktvermittelte Allokation etwa im Vergleich zu industriellen Gütern sowohl aus Produzenten- als auch aus Konsumentensicht problematisch erscheinen lassen. Für ihre Produktion ist kennzeichnend, dass soziale Dienstleistungen auf die Mitwirkung des Konsumenten angewiesen sind; sie werden zugleich produziert *und* konsumiert (*uno-actu-Prinzip*). Daher sind sie nicht lagerfähig und müssen dennoch dauerhaft bereitgestellt werden, da die Nachfrage nach Beratung oder Pflege oft nicht planbar ist, sondern vielmehr durch plötzlich auftretende Notlagen hervorgerufen wird (vgl. Gross/Badura 1977, Scharpf 1986). Aufgrund dieser Produkteigenschaften geht die ökonomische Theorie weitgehend übereinstimmend davon aus (vgl. Badelt 1997: 189ff.), dass soziale Dienstleistungen marktvermittelt nicht in ausreichenden Mengen angeboten werden können (allokatives Marktversagen). Darüber hinaus müssten soziale Dienstleistungen aufgrund ihrer Personalintensität und den daraus resultierenden Rationalisierungsgrenzen zu relativ hohen Marktpreisen angeboten werden, „so dass eine marktliche Versorgung viele einkommensschwache Klientengruppen vom Zugang zu sozialen Dienstleistungen ausschließen würde“ (distributives Marktversagen, Badelt 1997: 190).[13]

13 Von der je unterschiedlichen Bearbeitung dieses Problems hängt die im internationalen Vergleich stark variierende Expansion von Dienstleistungsproduktion und -beschäftigung (vgl. Meyer 1997, Häußermann/Siebel 1995, Scharpf 1986) ab. Dabei lassen sich im Wesentlichen zwei Richtungen der Problembearbeitung unterscheiden; wird (1) die Lohnentwicklung im Dienstleistungsbereich bei gleichbleibender Produktivität an die allgemeine Lohnentwicklung gebunden, stagniert die Expansion des Dienstleistungsmarktes; werden demgegenüber (2) die Löhne des Dienstleistungssektors entsprechend der stagnierenden Produktivitätsentwicklung eingefroren, entwickelt sich der Dienstleistungsarbeitsmarkt tendenziell zu einem Niedriglohn-Sektor.

Wird der Blick auf die komplexen Finanzierungsstrukturen im Bereich sozialer Dienstleistungen gerichtet, zeigt sich jedoch, dass nicht zwangsläufig Marktversagen angenommen werden muss. Die Finanzierung vollzieht sich überwiegend in einem komplexen Dreiecksverhältnis, in dem die Träger und Einrichtungen sozialer Dienste die Kosten für die von Konsumenten oder Klienten, in Anspruch genommenen Leistungen von einem Dritten (Staat, Parafiskus) erstattet bekommen. Auf diesem Wege wird die Nachfrageseite ihrer theoretisch schwachen Marktposition enthoben, während die Einführung von Marktmechanismen der Konkurrenz auf der Anbieterseite durchaus denkbar und nach Kriterien der Effektivität und Effizienz auch als wünschenswert erscheint (Bäcker et al 2000: 353).

Somit deutet der Nachweis von Marktversagen bei der Bereitstellung sozialer Dienstleistungen zwar auf die sozialpolitische Notwendigkeit einer *politischen Regulierung* sozialer Dienstleistungsmärkte hin, die aber nicht als gleichzeitige Begründung ihrer *staatlichen Produktion* verstanden werden kann. Denn Effektivität und Effizienz der Dienstleistungsproduktion kann wiederum von staatlichen Akteuren ebensowenig erwartet werden, da diese sich vor allem am Erfolg politischer Programme und dadurch am Median-Wähler orientieren und somit suboptimale Lösungen zu erwarten sind. Darüber hinaus entfernen sich staatliche Dienstleistungen durch ihre Bürokratisierung zunehmend von sozialen Problemen und den Bedürfnissen der Leislungsnutzer (Billis/Glennester 1998, Gross/Badura 1977).

Da also offensichtlich weder privatwirtschaftliche noch staatliche Organisationen in der Lage sind, ein gesamtgesellschaftlich zufriedenstellendes und angemessenes Angebot sozialer Dienstleistungen bereitzuhalten, stellt sich die Frage, welche gesellschaftlichen Organisationen dann dazu in der Lage sind. Sowohl theoretisch als auch empirisch kommen hier Organisationen des sogenannten ‚Dritten Sektors' in Betracht, zu denen auch die deutschen Wohlfahrtsverbände gezählt werden. Solche Organisationen

> „can be defined as a collection of organisations that are (a) formal or institutionalised to some extent; (b) private-institutionally from gover-

nment; (c) non-profit-distributing – not returning profits generated to their owners; (d) self-governing – equipped to control their own activities; (e) voluntary – involving some meaningfull degree of voluntary participation“ (Billis/Glennester 1998: 81).

Es scheinen also die auf Freiwilligkeit gründenden Nonprofit-Organisationen des Dritten Sektors zu sein, die aufgrund *komparativer Vorteile* gegenüber Markt und Staat für eine erfolgreiche Bereitstellung sozialer Dienste und Einrichtungen prädestiniert sind.[14] Während staatliche Bürokratien geeignet sind, monetäre Transfers zieladäquat bereitzustellen, gelingt den Organisationen des Dritten Sektors, die ihr Handeln nicht durch die Steuerungslogiken von Staat (Hierarchie – Recht) bzw. Markt (Wettbewerb – Geld) koordinieren, zumindest theoretisch eine nah an den Problemen der Leistungsnutzer orientierte Organisation sozialer Hilfen (vgl. kritisch Volkert 1999: 64-77).[15]

Neben dieser positiven Sichtweise auf Dritte-Sektor-Organisationen gewinnt die von Wolfgang Seibel vorgebrachte These des ‚Funktionalen Dillettantismus‘ (1992) an Einfluss, nach der die Organisationen des Dritten Sektors aufgrund

14 Zu bedenken ist bei dieser Sichtweise, dass die ökonomische Theorie zwar die Existenz des Dritten Sektors anhand von Staats- und Marktversagen plausibel machen kann, demgegenüber die Erklärung der *Entstehung* solcher Organisationen, die zum Beispiel bei den deutschen Wohlfahrtsverbänden in einem Umfeld ohne vollkommene Marktentfaltung und sozialpolitische Staatstätigkeit (19. Jahrhundert) geschah, nicht überzeugend gelingt (vgl. Schaad 1995).
Für eine Erklärung der *Entstehung* solcher Nonprofit-Organisationen dürften anstelle ökonomischer eher poltisch-soziologische Erklärungsansätze von Nutzen sein (vgl. Schmid 1996a, der die im internationalen Vergleich herausragende Rolle der deutschen Wohlfahrtsverbände historisch-soziologisch mit Hilfe von Stein Rokkans Analyse der makrostrukturellen Unterschiede westeuropäischer Gesellschaften erklärt).

15 Die international boomende Dritte-Sektor-Forschung (vgl. Anheier et al Hrsg 1997) relativiert die Singularität der deutschen Wohlfahrtsverbände dahingehend, dass in nahezu allen wohlfahrtsstaatlichen Regimen wohlfahrtspluralistische Arrangements (vgl. Evers/Olk 1996, Schmid 1996a, 1996b), in denen Organisationen des Dritten Sektors soziale Dienste organisieren, existieren. Solche wohlfahrtspluralistischen Arrangements und unterschiedliche Formen gesellschaftlicher Organisation sozialer Dienste lassen sich gut in das idealtypische Modell wohlfahrtsstaatlicher Regime Esping-Andersens (1990) einordnen (vgl. Frey 1998, Meyer 1994, 1997), in denen den Nonprofit-Organisatinen unterschiedliche Bedeutung zukommt. Diese ist bisher im (1) *sozialdemokratischen Regime* als relativ gering anzusehen, da dort vorwiegend der Staat steuerfinanzierte, universalistisch orientierte Einrichtungen bereithält (Matthies 1998). Im (2) *liberalen Regime* deutet sich demgegenüber eine dualistische Spaltung dahingehend an, dass für finanzkräftige Bevölkerungsschichten Dienstleistungen marktförmig angeboten werden, während die Armen auf die Wohltätigkeit freiwilliger Vereinigungen verwiesen werden. Für das (3) *konservative Regime* und damit für die Bundesrepublik sind Organisationen des Dritten Sektors vor allem in Gestalt der Wohlfahrtsverbände relevant. Ihre sozialrechtlich normierte Vorrangstellung und Förderung durch den Staat untermauert die behauptete Einzigartigkeit der spezifischen deutschen Ausprägung des Welfare-Mix.

binnenorganisatorischer Spannungen zwischen vereinsförmiger Geselligkeit, betrieblicher Organisation und politischer Einflussnahme sowie gleichzeitigen externen Anforderungen zu ineffizientem Handeln neigen. Gerade die mangelnde Effizienz macht diese Organisationen nun aber aufgrund ihrer gesellschaftlichen Einbettung funktional: Sie entlasten die staatlichen Institutionen und die im politischen System einflussreichen Parteien und gesellschaftlichen Gruppen[16] von Aufgaben, die Politik in marktwirtschaftlichen Krisen nicht erfolgreich meistern kann. Somit bewahren die Organisationen des Dritten Sektors staatliche Akteure vor substanziellen Legitimationsproblemen (Zimmer 1996b: 182) und werden dafür im Gegenzug durch „tauschförmige Machtbeziehungen [...] und Karriereplattformen [...] unabhängig von Schwächen der jeweiligen Geschäftsführung politisch" stabilisiert (Strünck 1995: 35 1).

In seiner Kritik an Seibel beschreibt Antonin Wagner die Stabilität der Organisationen des Dritten Sektors nicht als Resultat ihrer Tauschgeschäfte mit dem politischen System. Für ihn besteht der Sinn und der Erfolg dieser Organisationsform vielmehr darin, „zur Lösung eines grundlegenden Dilemmas moderner Gesellschaften beizutragen: des Dilemmas zwischen Gerechtigkeit und Effizienz" (1993: 62f.). Nur durch die Organisation von Gemeinschaftlichkeit ist es demnach möglich, die in der ökonomischen Theorie sozialer Dienstleistungen grundlegend beschriebenen Steuerungsprobleme – Herstellung der allgemeinen Zugänglichkeit (Gerechtigkeit) bei gleichzeitig effizienter Mittelverwendung – relativ erfolgreich zu bearbeiten. Da die Herstellung von Gerechtigkeit als handelnder ‚Kommunitarismus' interpretiert werden kann, zeichnen sich Organisationen des Dritten Sektors aus dieser Perspektive nicht durch einen ‚funktionalen Dillettantismus', wie in Wolfgang Seibel herausarbeitet, sondern durch einen gesamtgesellschaftlich „funktionalen Kommunitarismus" (Wagner 1993: 63, vgl. auch Brumlik 1995) aus.

Welcher der vorgestellten Perspektiven der Vorzug einzuräumen ist, kann a priori nicht entschieden werden. Es handelt sich hierbei auch weniger um empirisch zu ‚testende' Theorien als vielmehr um Überlegungen, die eine problemorientierte Analyse wohlfahrtsverbandlichen Handelns anregen. Für die vorlie-

16 Dies ist zumindest für die mit der SPD verbundenen *Arbeiterwohlfahrt* sowie die mit den großen Kirchen aufs Engste verflochtenen Verbände der (katholischen) *Caritas* und (protestantischen) *Diakonie* evident.

gende Arbeit bedeutet dies, dass in der Fallstudie zu untersuchen sein wird, wie sich (1) die wechselseitig stabilisierenden Austauschbeziehungen zwischen Politik und Drittem Sektor angesichts knapper werdender Ressourcen entwickeln (vgl. Aust 1993, 2.2.2) und (2) inwieweit die Wohlfahrtsverbände (noch) in der Lage sind, Gemeinschaftlichkeit als ‚funktionalen Kommunitarismus' zu stiften.

Wohlfahrtsverbände werden jedoch nicht nur aus Sicht der ökonomischen Theorie als Nonprofit-Organisationen des Diritten Sektors beschrieben, sondern können aufgrund ihrer vielfältigen sozialen und politischen Funktionen in der Gesellschaft als *intermediäre Organisationen* analysiert werden (Evers 1990).

Intermediäre Organisationen können allgemein als Vermittlungsebene zwischen Individuum und Gesellschaft (Schimank 2000: 320) sowie unterschiedlichen gesellschaftlichen Subsystemen angesehen werden; diesen Organisationen, die zugleich individuelle Mitglieder *haben* und Mitglied der Gesellschaft sind, zeichnen sich strukturell dadurch aus, dass sie durch eine Multifunktionalität geprägt sind, die sich anhand zweier Dimensionen differenzieren lässt (Grunwald 2001).

Auf einer (1) vertikalen Achse zwischen Individuum und Gesellschaft müssen intermediäre Organisationen intern zwischen ‚Mitgliedschaftslogik' und ‚Einflusslogik' vermitteln. Anders gesagt fällt ihnen die Aufgabe zu, die Interessen ihrer individuellen Mitglieder als Organisation sowie die eigenen Organisationsinteressen (bottom-up) zu vertreten – beides muss nicht identisch sein (Streeck 1987). Zugleich müssen sie in der Lage sein, ihre Mitglieder auch im Falle unliebsamer Verhandlungsergebnisse (top-down) auf diese Ergebnisse zu verpflichten (Verpflichtungsfähigkeit). Das dadurch notwendige „Management von [...] Vielfalt"(ebd.: 477) stellt eines der grundlegenden Organisationsprobleme der Wohlfahrtsverbände dar (vgl. Grunow 1995).

Daneben beschreibt der Begriff der Intermediarität auf einer (2) horizontalen Ebene das Spannungsfeld externer Umwelten, zwischen denen Organisationen des Dritten Sektors agieren. Sie stehen zwischen den gesellschaftlichen Subsystemen von Markt, Staat und Gemeinschaft, die jeweils spezifischen Handlungslogiken gehorchen. Demgegenüber bilden intermediäre Organisationen keine eigene vierte Handlungslogik aus, sondern kombinieren die Steuerungslogiken (Markt – Wettbewerb/Geld; Staat – Hierarchie/Macht; Gemeinschaft –

Freiwilligkeit/Vertrauen) ihrer Umwelten in spezifischer Weise, woraus sich für die Organisationen je nach Mischungsverhältnis besondere Handlungsvorteile, aber auch Steuerungsdefizite ergeben können (Evers 1990, Evers/Olk 1996).[17]

Ein so verstandener Begriff der Intermediarität ermöglicht nicht nur eine eher statische Einordnung von intermediären Organisationen in die Logik des Wohlfahrtsdreiecks (Evers 1990); vielmehr werden die strategischen Positionen von Wohlfahrtsverbänden erkennbar: Durch eine ‚innere Pluralisierung' sowie eine horizontal und vertikal gegliederte Organisationsstruktur wird die Wahrnehmung der unterschiedlichen Aufgaben erst möglich. Als korporative Akteure bestehen Wohlfahrtsverbände aus (Olk 1995) lokalen *Vereinen*, die vornehmlich Gemeinschaftlichkeit organisieren. Ebenfalls überwiegend auf lokaler Ebene sind Einrichtungen der Wohlfahrtsverbände als Dienstleistungs*betriebe* tätig, die sich nach wirtschaftlichen Effizienzkriterien an der Dynamik von Dienstleistungsmärkten orientieren. Analog zur föderalen Struktur des politischen Systems der Bundesrepublik treten Wohlfahrts*verbände* als Interessenvertretung vor allem überregional auf Landes- und Bundesebene auf. „Dieser Bereich dient der Artikulation von sozialpolitischen Positionen und der sozialanwaltschaftlichen Interessenvertretung benachteiligter Bevölkerungsgruppen" (Steinbacher 2000: 149). Dabei kann es zum Beispiel zu innerverbandlichen Konflikten zwischen einer am Dienstleistungsmarkt orientierten Einrichtung und verbandspolitischen Akteuren kommen, da hier nicht immer von einer Interessenkonvergenz zwischen den Organisationsteilen ausgegangen werden kann.[18] Die organisationsinternen Anpassungsanforderungen der deutschen Wohlfahrtsverbände sind somit in jedem Fall hochgradig komplex.

Die zuvor recht allgemein gebrauchte Bezeichnung ‚Wohlfahrtsverband' ist,

---

17 In dieser Perspektive stellt der Ansatz intermediärer Organisationen insofern eine Erweiterung gegenüber der Dritte-Sektor-Forschung dar, als er sie auf der Systemebene nicht als eine Alternative zwischen Markt und Staat, sondern als Organisationsform beschreibt, die die gesellschaftlichen Subsysteme Markt, Staat und Gemeinschaft in sich vereint.

18 Es kann zwar für einige Bereiche sozialer Arbeit angenommen werden, dass die gleichzeitige Vertretung der eigenen *und* der Klienten-Interessen kompatibel ist und somit für beide Seiten einen ‚Gewinn' darstellt. Dies muss allerdings nicht immer der Fall sein, wie Beispiele aus der Jugend- und Familienhilfe verdeutlichen: Hier neigen etwa Träger stationärer Einrichtungen (Kinder- und Jugendheime) dazu, ihre Klienten bis zur Volljährigkeit im Heim zu behalten, während aus diagnostischer Sicht eine Wiedereingliederung in die Familie oder die Aufnahme in eine Pflegefamilie möglich und aus sozialpädagogischer Sicht wünschenswert erscheint (vgl. Interview). – Hier stellt sich die für soziale Arbeit grundsätzliche Frage, wie Ziele sozialpädagogischer Interventionen definiert und ihre möglichen Erfolge gemessen werden können.

das sollte deutlich gewordcn sein, aus Sicht der Verbändetheorie zu differenzieren. Wohlfahrtsverbände sind nur als komplexe Organisationen zu verstehen, die intern zwischen sehr unterschiedlichen Aufgaben zu vermitteln haben. Sie sind zugleich Verein, Verband und Betrieb. Die in der Außendarstellung oder internen Organisation erkennbare Dominanz einer dieser Sozialformen oder ihr je spezifisches Mischungsverhältnis unterliegt im Kontext sich wandelnder Umwelten historischen Veränderungen und wird in den jeweiligen Kontextbedingungen mikropolitisch verhandelt. Diese Sichtweise wird gerade in Zeiten des Wandels relevant und muss im Folgenden immer mitbedacht werden.

3.2 Politische Prozesse zwischen Handeln und Struktur: Der Akteurzentrierte Institutionalismus in der empirischen Politikforschung

In der Politikwissenschaft und Politischen Soziologie stellt sich die grundlegende Frage, wie die Ergebnisse politischer Prozesse erklärt und politische Interaktionen analytisch gefasst werden können. Ansätze, die politische Prozesse auf Wahlhandlungen rationaler Akteure zurückführen, stehen institutionalistischen Perspektiven unversöhnlich gegenüber, die alle Ergebnisse mit der Wirkungsmacht institutioneller Arrangements erklären wollen. Es hat sich jedoch als nützlich erwiesen, diese strikte Gegenüberstellung zu überwinden und eine integrierende Perspektive einzunehmen. Diesen Anspruch verfolgt der vor allem von Renate Mayntz und Fritz Scharpf im Rahmen ihrer Forschungsarbeiten am Kölner Max-Planck-Institut für Gesellschaftsforschung entwickelte ‚Akteurzentrierte Institutionalismus'. Dieser „geht von der Annahme aus, dass politische Entscheidungen als das Resultat von Interaktionen zwischen individuellen, kollektiven und kooperativen Akteuren anzusehen sind, die von dem jeweiligen institutionellen Kontext, in dem sie stattfinden, beeinflusst werden" (Scharpf 2000: 41).

Was bedeutet das? Zunächst einmal erkennt dieser Ansatz die Bedeutsamkeit politischer Institutionen als „Regelsysteme zur Herstellung verbindlicher gesamtgesellschaftlicher Entscheidungen" (Angerhausen et al 1998: 16) an. Institutionen können solche Entscheidungen strukturieren, indem sie für bestimmte Entscheidungsanlässe Verfahrensweisen festlegen, bestimmten kollektiven Akteuren die Teilnahme an den Entscheidungen gewähren und die Relationen zwischen den beteiligten Akteuren definieren (Mayntz/Scharpf 1995: 47f.). Politische Prozesse zeichnen sich auf der einen Seite dadurch aus,

> „dass im Rahmen institutioneller Vefahrensregelung […] *Anlässe* für die Interaktion bestimmter Akteure definiert und *Arenen* geschaffen werden, in denen spezifizierte Akteure zur Beratung oder Entscheidung über spezifizierte Themen zusammenkommen, wobei sie bestimmten Entscheidungsregeln unterworfen sind". (ebd.: 48)

Der Ansatz des Akteurzentrierten Institutionalismus schreibt institutionellen Regelungen jedoch keineswegs eine determinierende Wirkung zu, sondern sieht in ihnen „einen – stimulierenden, ermöglichenden oder auch restringierenden – Handlungskontext" kollektiver Akteure (ebd.: 43). Grundlage dieser Annahme ist die Tatsache, dass Institutionen ja nicht naturwüchsig entstehen, sondern das Ergebnis sozialen Handelns verschiedener Akteure in zunächst kontingenten Situationen sind.[19] Institutionen sind insofern auch weiterhin veränderbar, so dass sie nicht nur selbst Handeln strukturieren, sondern selbst durch das Handeln der Akteure verändert werden können. Somit nimmt der Akteurzentrierte Institutionalismus auch die andere Seite politischer Prozesse in den Blick: die (Wahl-)Handlungen der beteiligten Akteure.

Dieser Blickwinkel erfordert wiederum eine Verständigung darüber, welche Qualitäten sozialen Akteuren zugeschrieben werden. Für das Verständnis politischer Prozesse sind weniger individuelle als vielmehr *korporative* Akteure von Bedeutung, die als „handlungsfähige, formal organisierte Personen-Mehrheiten" verstanden werden können, „die über zentralisierte, also nicht mehr den Mitgliedern individuell zustehende Handlungsressourcen verfügen, über deren Einsatz hierarchisch […] oder majoritär […] entschieden werden kann (Mayntz/Scharpf 1995: 49f.). Diesen korporativen Akteuren kann unterstellt werden, dass sie ihr soziales Handeln rational nach ihren Präferenzen richten. Ihr Handeln ist aber insofern nur bedingt rational, als dass ihre Einschätzung einer Handlungssituation, aus der dann Handlungsstrategien abgeleitet werden, nicht zwangsläufig auf rationalen Situationsdeutungen beruht. Mit

19 Zum Verhältnis des Akteurzentrierten Institutionalismus zu unterschiedlichen wirtschaftswissenschaftlichen, soziologischen und politikwissenschaftlichen Spielarten des Neo-Institutionalismus vgl. Jansen 2000, Mayntz/Scharpf 1995 und Scharpf 2000.

‚objektiv' irrationalem Handeln, das sich jedoch ‚subjektiv' als rational darstellt, da es auf den jeweiligen Situationsdeutungen beruht, ist zu rechnen.

Aufgabe der Politikforschung ist es nun, einerseits die institutionellen Regelungen im untersuchten Feld zu beschreiben. Zudem müssen jedoch alle relevanten Akteure erfasst und in ihre Handlungsorientierungen und Relationen zueinander beschrieben werden. Dadurch wird es möglich, die Interdependenz von Handlung und Struktur (Schimank 2000), Akteur und Institution, angemessen zu erfassen. Hierfür stellt der Ansatz des Akteurzentrierten Institutionalismus handhabbare Beschreibungskategorien bereit. So können mit dem Begriff der *Akteurkonstellation* die Beziehungen der relevanten, meist kollektiven Akteure beschrieben werden. Hierzu ist es hilfreich, die Handlungsmöglichkeiten und Präferenzen der einzelnen Akteure in Bezug auf ein Problem zu eruieren.[20] Das In-Beziehung-Setzen der strategischen Optionen der Akteure erklärt jedoch noch nicht ausreichend die politischen Ergebnisse. Hierfür ist auch die jeweilige *Interaktionsform* relevant, die dominante Muster politischen Handelns beschreibt.[21] Für die unterschiedlichen Interaktionsformen kann angenommen werden, dass diese meist durch institutionelle Regelungen vorgegeben sind, den beteiligten Akteuren jedoch ein gewisser Spielraum verbleibt, eine andere Interaktionsform zu wählen. „Die systematische Kombination von Untersuchungen über Akteurkonstellationen mit der Analyse von Interaktionsformen gibt uns extrem leistungsfähige Werkzeuge zur Erklärung der Ergebnisse bestimmter politischer Interaktonen an die Hand" (Scharpf 2000: 94).[22]

In diesem Sinne ist der Akteurzentrierte Institutionalismus nicht eine in empirischen Studien zu testende Theorie, sondern eine auf theoretischen Prämissen beruhende Forschungsheuristik, die in empirischen Studien, wie der folgenden Fallstudie zur kommunalen Kinderbetreuungspolitik, produktiv genutzt werden kann (Mayntz/Scharpf 1995: 39).

20 Auf eine spieltheoretische Modellierung der Akteurkonstellationen wird in dieser Arbeit verzichtet (vgl. Scharpf 2000).

21 Scharpf (2000) unterscheidet idealtypisch zwischen ‚Einseitigem Handeln', ‚Verhandlung', ‚Mehrheitsentscheidung' und ‚Hierarchischer Steuerung'.

22 Methodisch hilfreich ist dabei das Prinzip der abnehmenden Abstraktion, wonach all das, was sich „durch Institutionen und institutionell erwartbare Handlungsmotive erklären lässt", auch so erklärt werden sollte (Jansen 2000: 16).

4. Kinderbetreuungspolitik und institutionelle Kinderbetreuung in Deutschland

In diesem Kapitel werden die wesentlichen Strukturen der institutionellen Kinderbetreuung und Kinderbetreuungspolitik in Deutschland vorgestellt, die als notwendige Voraussetzungen für die Durchführung der Fallstudie angesehen werden. Dabei ist es zunächst notwendig, Formen institutioneller Kinderbetreuung zu unterscheiden (4.1). Weiterhin hilft ein Überblick über die Sozialgeschichte institutuioneller Kinderbetreuung (4.2), die Spannungen und internen Widersprüche dieses Handlungsfeldes zu verstehen.[23] Daran anschließend wird die gegenwärtige Struktur der Kinderbetreuungspolitik (4.3) im Sinne des Akteurzentrierten Institutionalismus erörtert, wobei insbesondere das gegenwärtige Finanzierungsmodell von Kindergärten sowie die Diversifizierung institutionalisierter Zuständigkeiten im politischen Mehrebenensystem von weitreichender Bedeutung sind.[24]

---

23 Die Geschichte einer *Pädagogik* des Kindergartens, die die wissenschaftlichen Begründungen einer ‚guten' Erziehung und Bildung in Kindergärten von Friedrich Fröbel bis zum Situationsansatz nachzeichnet, wird hier ausgeklammert. Im Unterschied zu wünschenswerten sozialwissenschaftlichen Analysen zur Kinderbetreuungspolitik liegen hierzu zahlreiche Untersuchungen vor, vgl. beispielsweise Grossmann 1994.

24 Wo dies möglich und sinnvoll ist, wird bereits auf spezifische landesgesetzliche Regelungen in Niedersachsen eingegangen. Die landesrechtlichen Rahmenbedingungen werden jedoch später (vgl. 5.2.1) nochmals, insbesondere in Bezug auf jüngste Veränderungen, aufgegriffen.

4.1 Formen und Begriffe der institutionellen Kinderbetreuung

Nachdem das Verständnis institutioneller Kinderbetreuung, das dieser Arbeit zugrunde liegt, bereits eingeführt worden ist (vgl.2.4), sollen an dieser Stelle zunächst die unterschiedlichen Formen vorgestellt und die teilweise verwirrenden und widersprüchlichen Begriffe dieses Handlungsfeldes definiert werden. Als Alternativen, die Kinderbetreuungspolitik immer mitzubedenken hat, werden weitere Formen familienergänzender Kinderbetreuung genannt.

Institutionelle Kinderbetreuung, die als eine politisch regulierte außerfamiliäre Tagesbetreuung von Kleinkindern von formalen Organisationen angeboten wird, umfasst sämtliche Tageseinrichtungen für Kinder gemäß § 22 KJHG. Unter dem Oberbegriff der Tageseinrichtungen oder Kindertagesstätten können unterschiedliche Betreuungsangebote vornehmlich nach der anvisierten Altersgruppe unterschieden werden. Demnach betreuen Kinder*krippen* Kinder im Alter bis zu drei Jahren, während den Kinder*garten* Kinder vom vollendeten dritten Lebensjahr bis zum Schuleintritt besuchen können. Das Angebot eines Kinder*hortes* richtet sich als ein zusätzliches Betreuungsangebot an Schulkinder bis zum vollendeten vierzehnten Lebensjahr. Die Kindertagesstättengesetze[25] der Bundesländer sehen zudem die Möglichkeit der institutionellen Betreuung in altersgemischten Gruppen vor.

25 Der Begriff der *Kindertagesstätte* wird häufig auch als Bezeichnung einer Tageseinrichtung für Kinder verwendet, in der wenigstens zwei der genannten Angebote unter einem Dach vereint sind. Hier wird der Begriff der Tagesstätte jedoch synonym zur allgemeinen Bezeichnung einer Tageseinrichtung benutzt.

Als weniger formalisierte, eher an familiärer Erziehung orientierte Form der Kinderbetreuung sieht das KJHG (§ 23) die Tagespflege bei Tagesmüttern vor (vgl. Martin 1993). Die Tagespflege spielt insbesondere als Alternative zur Krippenbetreuung der Kinder unter drei Jahren eine gewichtige Rolle, ist sie doch für die Kommunen günstiger. Außerdem wird sie überwiegend als „familienähnliche und flexibel ausgestaltbare Betreuungskonstellation" wahrgenommen und deshalb von vielen Eltern bevorzugt (Bäcker et al 2000:213).[26]

Weiterhin haben sich in den vergangenen dreißig Jahren unterschiedliche Formen der Kinderbetreuung durch Familienselbsthilfe herausgebildet (vgl. Gerzer-Sass/Pettinger 1993), die – verkürzt zusammengefasst – als Folge der neuen sozialen Bewegungen der 1970er Jahre und der Kinderladenbewegung gesehen werden können. Auch diese Form der Kinderbetreuung berücksichtigt das KJHG (§ 25) und schreibt ihre Beratung und Förderung durch die kommunalen Jugendämter vor. Einige dieser Selbsthilfeinitativen haben ihre Angebote verstetigt und nach außen geöffnet (vgl. 2.2) und spielen inzwischen bei der Gestaltung bedarfsgerechter Angebote in der institutionellen Kinderbetreuung einzelner Kommunen eine maßgebliche Rolle (vgl. 5).

Hinsichtlich der Rolle von Wohlfahrtsverbänden ist von Interesse, in welchem Umfang die unterschiedlichen Jugendhilfeträger an der Bereitstellung dieser Betreuungsangebote beteiligt sind. Wie Tabelle 1 verdeutlicht, ist dabei auch zwischen den verschiedenen Angebotsformen sowie zwischen Ost- und Westdeutschland zu unterscheiden:

26 Fraglich ist allerdings, ob diese in Umfragen erhobenen Bevorzugung der Tagespflege nicht eher der Reflex eines fehlenden Angebots im Krippenbereich ist.

Tabelle 1: *Träger institutioneller Kinderbetreuung nach Plätzen, Stand 31.12.1994*

	Öffentliche Träger	Freie Träger
Westdeutschland		
Kinderkrippe	52,8 %	47,2 %
Kindergarten	34,2 %	65,8 %
Kinderhort	56,4 %	43,6 %
Gesamt	36,2 %	63,8 %
Ostdeutschland		
Kinderkrippe	81,5 %	18,5 %
Kindergarten	79,0 %	21,0 %
Kinderhort	95,1 %	4,9 %
Gesamt	83,1 %	16,9 %
Bundesrepublik		
Kindergarten	44,2 %	53,8 %

Eigene Zusammenstellung nach DJI 1998: 44f.

Wie aus der Tabelle ersichtlich ist, treten die Freien Träger in Westdeutschland vor allem als Träger von Kindergärten in Erscheinung und dominieren wegen des eindeutigen Übergewichts dieser Betreuungsform auch das Gesamtbild. In Ostdeutschland dominieren aufgrund staatssozialistischer Traditionen noch immer die öffentlichen Träger (vgl. Angerhausen et al 1998). Neben dieser groben Gegenüberstellung differenziert Tabelle 2 die Anteile der unterschiedlichen freien Träger, bei denen nun auch die Elterninitiativen berücksichtigt werden. Diese Übersicht verdeutlicht nochmals die erheblichen Differenzen in der Trägerstruktur zwischen Ost- und Westdeutschland. Für die Elterninitiativen werden neben den Anteilen an Plätzen zusätzlich die Anteile an Einrichtungen angegeben, da nur eine Angabe für sich kaum aussagekräftig ist; die Diskrepanz zwischen den Anteilen an Plätzen und Einrichtungen ergibt sich aus der Tatsache, dass Einrichtungen von Elterninitiativen meist eine geringere Platzzahl anbieten.

Tabelle 2: *Tageseinrichtungen in freier Trägerschaft – Anteile ausgewählter Träger nach Plätzen, Stand 31.12.1994*

	AWO	DPWV	DRK	Diakonie ev. Kirche	Caritas kath. Kirche	Elterninitiativen	
						Plätze	Einrichtungen
Ostdtl.	5,3 %	5,6 %	3,6 %	4,3 %	1,6 %	3,8 %	8,4 %
Westdtl.	2,3 %	1,9 %	1,5 %	21,9 %	32,5 %	0,6 %	1,0 %
Gesamt	2,9 %	2,6 %	1,9 %	18,4 %	26,2 %	2,8 %	6,5 %

Eigene Zusammenstellung nach DJI 1998: 79, 118, Stand 31.12.1994

Lesehinweis: Die Angaben betreffen den Anteil des jeweiligen Trägers am Gesamtangebot institutioneller Kinderbetreuung.

4.2 Das Primat der Jugendhilfe: Zur Geschichte institutioneller Kinderbetreuung in Deutschland

Die Entstehung institutioneller Kinderbetreuung in Deutschland ist einerseits eng verbunden mit der Industrialisierung des 19. Jahrhunderts sowie andererseits mit der zunehmenden kulturellen Deutungsmacht des bürgerlichen Familienmodells. Die Rolle der Industrialisierung besteht darin, dass zunächst durch die strikte Trennung von Haushalt und Arbeitsort in der Fabrikarbeit die bisher praktizierte Versorgung der Kinder *während* der Arbeit (etwa in der Landwirtschaft oder im Handwerk) nicht mehr möglich war. Zugleich waren proletarische Familien aber wegen des geringen Lohnniveaus auf die gleichzeitige Erwerbstätigkeit der Frauen angewiesen, weshalb auch von dieser Seite die häusliche Betreuung und Erziehung der Kinder durch die Mutter ausgeschlossen waren (Tietze 1993).

Aber erst die Herausbildung und Dominanz der bürgerlichen Familienkonzeptionen, die mit der Formel des männlichen Ernährermodells hinreichend charakterisiert ist, der ja die proletarischen Familien gerade nicht entsprechen konnten, forcierte die Entstehung institutioneller Kinderbetreuung. Denn vor diesem Hintergrund gründeten nun überwiegend bürgerliche Vereine und Kirchengemeinden sogenannte ‚Kleinkinderbewahranstalten', die dem Doppelmotiv „der Vermeidung sekundärer Armut durch Ermöglichung von Erwerbstätigkeit der Mütter und gleichzeitiger Sicherstellung einer verantwortlichen Erziehung der Kleinkinder" (Manderscheid 1989: 90) entsprachen. Zugleich erkannte aber das Bürgertum – unter Einfluss der Kindergartenpädagogik Friedrich Fröbels – die „frühe Kindheit als Qualifikationsphase"; die in ihr erworbene Bildung hilft, „den erworbenen sozialen Status zu stabilisieren" (Peukert

2000: 82). Somit entstehen eigene Formen exklusiver institutioneller Kinderbetreuung für Kinder des Bürgertums (‚Kindergärten'). „damit aber wird die im Bürgertum selbst entstandene aufklärerische Idee von Bildung klassenspezifisch interpretiert und um ihr emanzipatorisches Potential gebracht" (ebd.).

Diese Gegenüberstellung von Bildung und Verwahrung von Kleinkindern bleibt über die Jahrhundertwende hinaus institutionell verankert. Wenn auch durch die Gründung von ‚Volkskindergärten' insgesamt der Aspekt der Verwahrung zugunsten von Bildungsidealen zurückgedrängt wird und die öffentliche Wahrnehmung eines ‚vorübergehenden Notbehelfs' nun auf die ‚Aufbewahrung' von Kleinstkindern (unter drei Jahren) in der Kinderkrippe übergeht, betont das Reichsjugendwohlfahrtsgesetz von 1922 die Zugehörigkeit der institutionellen Kinderbetreuung zur Wohlfahrtspflege: Kindergärten bleiben „ergänzende Notfallhilfe" für Familien, also eine „pragmatische Lösung zur Entschärfung gesellschaftlich produzierter Krisenfelder" (ebd.). Bestrebungen, den Bildungsaspekt deutlicher zu akzentuieren und den Kindergarten in das öffentliche Bildungssystem einzugliedern, scheitern damit – für lange Zeit.

Nach dem Ende der nationalsozialistischen Herrschaft in Deutschland, während der die Kindergärten in die ‚Nationalsozialistische Volkswohlfahrt' und die Idee einer nationalsozialistischen Erziehung eingegliedert wurden (Tietze 1993), wurde in beiden deutschen Staaten das Verhältnis von öffentlicher und privater Bildung und Erziehung von Kleinkindern unterschiedlich konstituiert. In der DDR wurde aus ökonomischen und gesellschaftspolitischen Gründen der Frauenerwerbstätigkeit eine hohe Priorität eingeräumt, weshalb sowohl in Kindergärten als auch in Kinderkrippen und Horten ausgesprochen hohe Betreuungsquoten erzielt wurden (1987 wurden 70 % der Kinder der entsprechenden Altersgruppen in Kinderkrippen und 94 % in Kindergärten betreut, vgl. Peukert 2000: 83). Demgegenüber blieb in der Bundesrepublik das bürgerliche Familien- und männliche Ernährermodell so wirkungsmächtig, dass eine vorschulische Bildung und Erziehung außerhalb der Familie weiterhin als ein für die Entwicklung des Kindes nachteiliger Notbehelf angesehen wurde. Dementsprechend niedrig blieben die Versorgungsquoten in Westdeutschland, wo 1986 lediglich 1,6 % aller Kinder der entsprechenden

Altersgruppen Aufnahme in eine Kinderkrippe fanden und 69,3 % in Kindergärten betreut werden konnten (ebd.: 88). Vor dem Hintergrund fehlender Kapazitäten und gleichzeitig erheblicher regionaler Disparitäten muss für die Situation in der Bundesrepublik „insgesamt von einer sozial selegierenden Funktion des Kindergartens gesprochen werden, die seinen Bildungsauftrag unterhöhlte" (ebd.: 86).

Erst im Zuge der Bildungsreform der 1960er und 1970er Jahre wandelte sich das gesellschaftliche Verständnis institutioneller Kinderbetreuung auch in der Bundesrepublik. Nun wurde – angeregt durch die Empfehlungen des Deutschen Bildungsrates – eine Integration vorschulischer Bildung und Erziehung in das *Bildungs*system angestrebt und durch zahlreiche Modellversuche zu organisatorischen und didaktischen Fragen teilweise umgesetzt. Zwar konnte in diesem Zusammenhang ein erheblicher quantitativer Ausbau im Kindergartenbereich vorgenommen werden, doch blieben strukturelle Reformen aus. Am vorläufigen Ende der Reformphase steht daher die Einsicht, dass der Kindergarten „in erster Linie eine sozialpädagogische Versorgungseinrichtung in der Jugendhilfe" bleibt (Raab/Rademacher 1980: 153). Dass die Implementation eines äußerst anspruchsvollen Reformprogramms weitgehend scheiterte, lässt sich mit der Struktur des Politikfeldes als einem ‚multizentrischen Regelungssystems', in dem politische Verantwortlichkeiten auf föderale und fachliche Ebenen verteilt sind, und den starken Interessen der freien Träger der Jugendhilfe begründen (vgl. 4.3.2 sowie Domscheit/Kaufmann/Kühn 1980, Domscheit/Kühn 1984, Raab/Rademacher 1980).

Erst der 1992 beschlossene Rechtsanspruch auf einen Kindergartenplatz rückt die Kinderbetreuungspolitik wieder in das öffentliche Interesse und führt zu einem weiteren Ausbau institutioneller Kinderbetreuung. Insbesondere vor dem Hintergrund der Anstrengungen der 1970er Jahre enttäuscht aus *bildungs*- und *sozial*politischer Perspektive jedoch die Tatsache, dass die Umsetzung des Rechtsanspruches erst im Zusammenhang einer Neuregelung des Abtreibungsrechts zustande kommen konnte (Meyer 1994, vgl. 4.3.2).

4.3 Finanzierung und Politik institutioneller Kinderbetreuung: Institutionen und Akteure der Kinderbetreuungspolitik

4.3.1 *Finanzierung und Verteilungswirkungen des Angebots institutioneller Kinderbetreuung*

Für die Finanzierung von Kindertagesstätten kann zunächst generell festgehalten werden, dass diese in Form einer Mischfinanzierung vorgenommen wird, an der – bei erheblichen Unterschieden zwischen den Bundesländern – das Land, die Kommunen, die Träger und die Eltern der betreuten Kinder beteiligt sind. „Der Bund beteiligt sich generell nicht an der Finanzierung von Tageseinrichtungen für Kinder“ (Bock-Famulla 1999: 170). Für Niedersachsen gilt allerdings, dass sich seit August 1999 das Land nicht mehr an der Finanzierung von Kindertagesstätten direkt beteiligt; die zuvor vom Land bezuschussten Personalkosten werden seitdem über den kommunalen Finanzausgleich verteilt, sind nun aber nicht mehr zweckgebunden und stehen somit unter dem Vorbehalt kommunalpolitischer Entscheidungen (Klügel/David 1999: 4).[27] Bei kommunalen Tageseinrichtungen für Kinder ist die Unterscheidung zwischen Kommune und Träger selbstverständlich hinfällig.

Die angesprochene Mischfinanzierung beschränkt sich in Niedersachsen zum jetzigen Zeitpunkt somit auf die Eigenmittel der Träger, Elternbeiträge

27 Bei der Bezuschussung von Personalkosten erweist sich grundsätzlich als problematisch, dass diese nicht gemäß der tatsächlichen Kosten abgerechnet werden, sondern eine Pauschalierung zugrunde gelegt wird, die zum Beispiel die Gehaltsentwicklungen nicht berücksichtigt, da eine fixe Lebensaltersstufe nach BAT angenommen wird. „Eine solche Pauschalierung kann faktisch dazu führen, dass der Landeszuschuss in Relation zu den tatsächlichen Personalausgaben einen niedrigen Von-Hundert-Satz ergibt als gesetzlich festgelegt“ (Bock-Famulla 1999: 171f.).

und kommunale Kostenbeteiligung. Der Anteil der Gesamtkosten, den der Träger aus Eigenmitteln beizusteuern hat, soll angemessen, d.h. unter Berücksichtigung der tatsächlich zur Verfügung stehenden Mittel, festgesetzt werden. Zu diesen Eigenmitteln gehören die Beiträge der Eltern, die nach Angebotsart und finanzieller Leistungsfähigkeit der Eltern gestaffelt sind.[28] Einen erheblichen Teil der Kosten bekommen freie Träger von der Kommune in Form von Zuschüssen oder Vergütungen[29] erstattet. Eltern treten in bezug auf die Finanzierung institutioneller Kinderbetreuung insbesondere dann in Beziehung zur Kommune, wenn sie als einkommensschwach eingestuft werden und deshalb die zu entrichtenden Elternbeiträge durch die wirtschaftliche Jugendhilfe übernommen werden. Weiterhin werden die entstandenen Kosten für Kinderbetreuung in unterschiedlichen Ausmaß bei der Festsetzung der Steuerschuld berücksichtigt.

Durch dieses Finanzierungsmodell ergeben sich Verteilungswirkungen, die in einer aktuellen bildungsökonomischen Studie analysiert worden sind (Kreyenfeld/Spieß/Wagner 2001). Danach profitieren durch die staatliche Nettosubvention Haushalte mittlerer Einkommensschichten am stärksten, Bezieher von Niedrigeinkommen trotz gestaffelter Elternbeiträge demgegenüber am wenigsten vom Angebot institutioneller Kinderbetreuung. Die Berücksichtigung weiterer sozio-demographischer Variablen macht darüber hinaus ein erhebliches Ost-West- und Stadt-Land-Gefälle deutlich, das auf unterschiedlichen Angebotsstrukturen beruht.

---

28 Das niedersächsische KiTaG schreibt eine Staffelung der Elternbeiträge zwingend vor. Damit ist jedoch noch längst nicht eine *inter*kommunale Verteilungsgerechtigkeit gewährleistet. Zur Umsetzung dieser Vorgabe auf kommunaler Ebene vgl. die Fallstudie (5.3.1).

29 Die Unterscheidung zwischen Zuschuss und Vergütung ist im Zusammenhang ‚Neuer Steuerungsmodelle' in der Jugendhilfe von entscheidender Bedeutung. Während der Begriff des Zuschusses sie ‚alte' Förderungspraxis kennzeichnet, die noch in einigen Bereichen praktiziert wird (§ 74 KJHG), steht die Vergütung von erbrachten Leistungen im Zusammenhang mit dem ‚neuen' Kontraktmanagement, in dem zwischen Kommunalverwaltung und Träger vertragliche Vereinbarungen über Leistungsumfang und die entsprechende Vergütung (§ 77 KJHG) getroffen werden.
In diesem Kontext ist die Auffassung von Johannes Münder von Interesse, wonach die Bereitstellung von Kinder*garten*plätzen wegen des bestehenden Rechtsanspruches nicht nach § 74 KJHG gefördert werden dürfte, sondern durch Kontrakte gemäß § 77 KJHG geregelt werden müsse, wobei dann alle anfallenden Kosten zu erstatten wären. Dem steht allerdings die Tatsache entgegen, dass zumindest das niedersächsische KiTaG eine angemessene Berücksichtigung der Eigenmittel des jeweiligen Trägers vorsieht (vgl. Klügel/David 2000: 112f.).

4.3.2 *Im Dickicht politischer Mehrebenensysteme und pluraler Trägerstrukturen: Kinderbetreuungspolitik in Deutschland*

Die Struktur des ‚multizentrischen Regelungssystems' in der Kinderbetreuungspolitik und dessen Bedeutung für die Gestaltbarkeit des Handlungsfeldes institutioneller Kinderbetreuung lässt sich besonders gut anhand der Formulierung und Implementation des Rechtsanspruchs auf einen Kindergartenplatz erörtern; dabei stößt der Beobachter zunächst auf die Verteilung politischer Zuständigkeiten im politischen Mehrebenensystem des bundesdeutschen Föderalismus.[30] Der Rechtsanspruch auf einen Kindergartenplatz für alle Kinder vom vollendeten dritten Lebensjahr bis zum Schuleintritt war 1992 durch das Schwangeren- und Familienhilfegesetz (SFHG) „als unvermeidliches Nebenprodukt der Diskussion um die Reform" des Abtreibungsrechts (§ 218, Meyer 1994: 14) in das KJHG (§ 24, mit Wirkung ab 1996) eingefügt worden. Durch diese *bundes*gesetzliche Vorgabe waren nun die Bundesländer gefordert, durch eigene gesetzliche Regelungen (Ausführungsgesetze zum KJHG oder KITA-Gesetze) die Umsetzung dieses Rechtsanspruches zu ermöglichen. Dessen

30 Auf eine umfassende Föderalismus-Diskussion muss an dieser Stelle – auch im Hinblick auf die Bedeutung föderalistischer Strukturen für die Sozialpolitik (vgl. Münch 1997) – jedoch verzichtet werden. Gleichwohl ist die These der ‚Politikverflechtungsfalle' (vgl. Scharpf 1985) auch im Feld der Sozialpolitik von Interesse und aktueller Bedeutung, wie die im Mai 2001 geführte Debatte um die anvisierte Kindergelderhöhung verdeutlicht.
Die politische Auseinandersetzung um die Kindergelderhöhung und die Verteilung finanzieller Lasten zwischen Bund und Ländern lässt sich dabei als Ausdruck der föderalen Verfassung der Bundesrepublik begreifen; die gleichzeitige Thematisierung möglicher Alternativen zur Kindergelderhöhung wie etwa der Ausbau der Ganztagsbetreuung in Kindertagesstätten und Schulen spiegelt vor allem den an Wahlzyklen orientierten Parteienwettbewerb im Föderalismus wider. Ein solches institutionelles Arrangement verwaltet eher den Status quo und ist tendenziell innovationshemmend – die Familien- und Sozialpolitik sitzt in der ‚Politikverflechtungsfalle'.

Umsetzung allerdings war Aufgabe der *Kommunen*, da die Kinder- und Jugendhilfe, zu der auch die Tagesbetreuung von Kindern gehört, einen *kommunale* Aufgabe ist.[31] Dies stellt die Kommunen vor das Problem, „dass sie durch die bundesgesetzliche Regelung mit sehr hohen Kosten belastet sind, ihnen die notwendigen Finanzmittel aber nicht zur Verfügung gestellt werden" (Münch 1997: 231), da das System des Finanzausgleichs zugleich nicht verändert wurde.

Es kann allerdings keine Rede davon sein, dass ausschließlich die Kommunen durch bundesgesetzliche Vorgaben in ihrem (sozial-)politischen Gestaltungsspielraum eingeengt werden. Denn zugleich beeinflussen umgekehrt die kommunalen Spitzenverbände[32] durch ihre Interessenvertretung landes- und bundespolitische Entscheidungen. So lassen sich beispielsweise die im Jahre 1999 neu erlassenen Richtlinien zur Tagesbetreuung von Kindern in Niedersachsen auf die Einflussnahme der kommunalen Spitzenverbände zurückzuführen: Hatte noch das seit 1994 gültige Kindertagesstätten-Gesetz (KiTaG) vergleichsweise hohe Standards festgeschrieben (vgl. Härdrich 1994), die in den Kommunen entsprechende Kosten verursachten, wurden durch den neuen Erlass insbesondere auf Druck der kommunalen Interessenvertretung diese Standards gesenkt und den Kommunen Einsparungspotenziale eröffnet.[33]

Fasst man diese kurze Darstellung zusammen, dann „ist der Rechtsanspruch auf einen Kindergartenplatz symptomatisch für die Probleme im sozialen Bundesstaat, vor allem für das Verhältnis zwischen zentraler und dezentraler Ebene" (Münch 1997: 231). Insbesondere für die Jugendhilfepolitik muss somit zwischen staatlichen Akteuren unterschiedlicher Ebenen differenziert werden.

Aufgrund der privilegierten Einbindung freier Träger der Wohlfahrtspflege in die Jugendhilfepolitik (vgl. 2.2.2) genügt es allerdings nicht, die unterschiedlichen staatlichen Akteure zu berücksichtigen. Vielmehr spielen die Wohlfahrts-

---

31 Die Rechtmäßigkeit eines bundesrechtlich festgesetzten Rechtsanspruchs auf einen Kindergartenplatz sowie die konkurrierenden Kompetenzen von Bund, Ländern und Gemeinden diskutiert aus staatsrechtlicher Sicht Bock-Pünder 1998.

32 „Auf der Bundesebene agieren drei kommunale Spitzenverbände [...]: der Deutsche Städtetag (DST), der Deutsche Landkreistag (DLT) und der Deutsche Städte- und Gemeindebund (DstGB), auf der Ebene der Länder entsprechende Landesverbände" (Jaedicke/Wollmann 1998: 306).

33 Die neu formulierten Standards für Kindertagesstätten mussten als Richtlinien erlassen werden, nachdem eine parlamentarische Gesetzesnovelle unter massivem öffentlichen Druck bereits in den Vorab-Beratungen scheiterte.

verbände eine ebenfalls wichtige Rolle, die sich besonders anhand ihrer Beteiligung an kommunaler Sozialpolitik verdeutlichen lässt. Die Wohlfahrtsverbände agieren nicht nur als Träger sozialer Dienste und Einrichtungen vor Ort, sondern vertreten auch unterschiedliche Interessen auf unterschiedlichen politischen Ebenen. Die Möglichkeit der Interessenvertretung für die freien Träger ist auf kommunaler Ebene im Jugendhilfeausschuss (JHA) institutionalisiert.

Der Jugendhilfeausschuss ist Teil des sogenannten zweiteiligen Jugendamtes, in dem die Verwaltung des Jugendamtes für laufende Geschäfte zuständig ist, während der JHA politische Entscheidungen trifft (§ 70 KJHG, vgl. Gernert 1993: 151). Bei der Zusammensetzung des JHA sind stimmberechtigte und beratende Mitglieder zu unterscheiden. Für die stimmberechtigten Mitglieder sieht das KJHG (§ 71) vor, dass von diesen drei Fünftel von der kommunalen Vertretungskörperschaft (Gemeinderat, Stadtrat, Kreistag) entsandt werden. Weitere zwei Fünftel der stimmberechtigten Mitglieder werden von den freien Trägern der Jugendhilfe vorgeschlagen. Darüber hinaus gehören dem JHA zahlreiche beratende Mitglieder an, deren Auswahl durch landesgesetzliche Vorgaben oder kommunale Satzungen geregelt wird (Münder/Ottenberg 1999).[34] Somit überwiegt bei den stimmberechtigten Mitgliedern zwar das Gewicht des kommunalpolitischen Gremiums, doch erhält die Freie Wohlfahrtspflege in diesem Gremium nicht unerheblichen Einfluss, insbesondere wenn man bedenkt, dass der JHA wichtige Entscheidungen der Jugendhilfepolitik selbst trifft oder durch seine Empfehlungen kommunalpolitische Beschlüsse vorstrukturiert.

Fasst man die Überlegungen zur Finanzierung und institutionellen Struktur der Kinderbetreuungspolitik zusammen, so erscheint es kaum als übertrieben, „ein wechselseitiges Abhängigkeitsverhältnis der zentralen Akteure“ zu behaupten (Domscheit/Kaufmann/Kühn 1980: 190). Dies gilt ebenso für die staatlichen Akteure im föderalen System als auch für das Verhältnis von Staat und Wohlfahrts-

34 In Niedersachsen müssen gemäß Niedersächsischer Gemeindeordnung mindestens sieben beratende Mitglieder dem JHA angehören: die Leitung der Verwaltung des Jugendamtes, die Leitung der Stadt- oder Kreisjugendpflege, je eine Vertretung der evangelischen und katholischen Kirche sowie der jüdischen Kultusgemeinde, eine Lehrkraft einer staatlichen Schule, eine Elternvertretung bzw. Erzieherin aus einer Kindertagesstätte, die kommunale Frauenbeauftragte oder eine in der Mädchenarbeit erfahrene Frau, eine Vertretung der Interessen ausländischer Kinder und Jugendlicher (Münder/Ottenberg 1999: 43).

verbänden; das Politikfeld ist so strukturiert, dass „aufgrund komplementärer Ressourcen interdependente Akteure unter Konsenszwang interagieren“ (ebd.: 191).

Analytisch lassen sich die durch das institutionelle Arrangement strukturierten sozialen Beziehungen für den Zweck dieser Arbeit auf eine tripartistische Akteurkonstellation (Schimank 2000) von staatlichen Akteuern, Wohlfahrtsverbänden und Eltern (Kunden) reduzieren.[35] Gleichwohl sind die kollektiven Akteure nicht so einheitlich, wie es diese notwendige Komplexitätsreduktion suggeriert, so dass interne Differenzierungen zu bedenken sind: Für staatliche Akteure dürfte vor allem die Unterscheidung zwischen Gesetzgeber auf Bundes- bzw. Landesebene und kommunaler Selbstverwaltung hilfreich sein, während für die Wohlfahrtsverbände zwischen politischer Interessenvertretung und Dienstleistungsträger unterschieden werden muss. Eltern (potenziell) betreuter Kinder treten als Kunden in Beziehung zu den unterschiedlichen Dienstleistungsanbietern; für staatliche Akteure sind sie vor allem als Wähler, aber auch als Gebührenzahler von Interesse. Insgesamt müssen die Eltern als die schwächsten Akteure in der Kinderbetreuungspolitik angesehen werden, da sie weder über ein institutionell gesicherte Möglichkeit der Interessenvertretung (vgl. 2.2.2), noch über ausreichende Marktmacht verfügen. Trotz dieser relativen Schwäche ist eine interne Differenzierung der Eltern nach Einkommensposition und weiteren sozio-demographischen Variablen bedeutsam, da dadurch ihre Handlungsmöglichkeiten im Feld institutioneller Kinderbetreuung erheblich beeinflusst werden.[36]

Diese Akteurkonstellation soll nun in der Fallstudie zur kommunalen Sozialpolitik anhand ausgewählter Probleme der Kinderbetreuungspolitik untersucht werden.

---

35 Diese Form der analytischen Reduktion ist selbstverständlich in der Fragestellung dieser Arbeit begründet, die sich ja vor allem auf die Rolle der Wohlfahrtsverbände konzentriert.
Für eine umfassende Analyse des Politikfeldes institutioneller Kinderbetreuung wäre die Berücksichtigung weiterer frei-gemeinnütziger sowie privat-gewerblicher Träger ebenso von Interesse wie eine detaillierte Differenzierung staatlicher Akteure, die etwa die Bedeutung der Fachaufsicht durch Landesjugendamt und kommunale Jugendämter zu analysieren hätte. Dies allerdings müßte eine weitere Arbeit leisten (vgl. in Ansätzen Domscheit/Kühn 1984, Herzberg/Lülf 1985).

36 Dies ist evident für ‚Spitzenverdiener‘, die bei einem quantitativ oder qualitativ unzureichenden Angebot ihren Bedarf auf dem ‚Privaten Betreuungsmarkt für Kinder‘ decken können. Diese Möglichkeit steht aufgrund relativ hoher Preise Haushalten mit niedrigen Einkommen überhaupt nicht, Beziehen mittlerer Einkommen wohl nur bedingt offen (vgl. Bäcker et al 2000: 215).

5. Institutioneller und organisationaler Wandel im Postkorporatismus? Eine Fallstudie zur kommunalen Kinderbetreuungspolitik in der Stadt Göttingen

Die Fallstudie zur kommunalen Kinderbetreuungspolitik wird nun anhand ausgewählter Probleme den prägenden Akteurkonstellationen und Interaktionsformen nachgehen, um darauf aufbauend die verschiedenen Probleme, die bisher aufgeworfen wurden, empirisch fundiert diskutieren zu können. Zunächst ist es jedoch notwendig, den gewählten Feldzugang und das methodische Vorgehen zu erläutern (5.1). Anschließend werden wesentliche Rahmenbedingungen der kommunalen Kinderbetreuungspolitik dargestellt (5.2), die vor allem in den aktuell gültigen rechtlichen Regelungen sowie in der bestehenden Angebotsstruktur institutioneller Kinderbetreuung zu sehen sind. Die Darstellung der Kinderbetreuungspolitik (5.3-5.5) orientiert sich an Problemen (Finanzierung, bedarfsgerechtes Angebot, Qualitätssicherung), die in der fachpolitischen Diskussion vor Ort dominieren. Die dabei gewonnenen Erkenntnisse werden abschließend zusammengefasst (5.6).

5.1 Feldzugang und methodisches Vorgehen

Da mit der Kinderbetreuungspolitik ein Feld ausgewählt wurde, zu dem die sozialwissenschaftliche Forschung bislang wenig Wissen beigetragen hat, war es zunächst erforderlich, Kenntnisse über die Struktur und Probleme des Feldes in Erfahrung zu bringen. In diesem explorativen Sinn wurden offene, leitfadenorientierte Experteninterviews durchgeführt. Aufgrund ihrer methodischen Offenheit bieten sich Experteninterviews als Technik an, um das bereits vorliegende Wissen über gegenwärtige Herausforderungen Freier Wohlfahrtspflege zu überprüfen und zu systematisieren.[37]

Potenzielle Interviewpartner wurden in unterschiedlichen Organisationen, die mit institutioneller Kinderbetreuung befasst sind, kontaktiert. Es konnten sechs Experten für ein Interview gewonnen werden, die als Leitungskraft einer Kindertagesstätte, Vertretung eines freien Trägers oder der kommunalen Sozialverwaltung die unterschiedlichen Perspektiven der Fallstudie repräsentieren.[38]

Die geführten Interviews dauerten zwischen 45 und 90 Minuten. Offen gehaltene Eingangsfragen zur beruflichen Position sowie der jeweiligen Beurteilung der jüngeren Entwicklung institutioneller Kinderbetreuung ermöglichten es zunächst, ausschließlich die Sichtweisen der Experten zu erheben. Erst

37 Auf eine vertiefende methodische und methodologische Diskussion von Experteninterviews kann an dieser Stelle verzichtet werden. Anregende Überlegungen hierzu bieten insbesondere Meuser/Nagel 1991, aber auch Flick 1995.

38 Eine anonymisierte Liste der Interviewpartner enthält der Anhang dieser Arbeit. Um Rückschlüsse auf die einzelnen Interviewpartner vollständig auszuschließen, werden die Interviews nicht nummeriert. Außerdem wird auf eine Spezifizierung der jeweiligen beruflichen Positionen oder der Organisation, in der der Interviewte tätig ist, verzichtet.

später wurden durch den Interviewer weitere Themen in das Gespräch eingebracht, die sich in der vorangegangenen Auseinandersetzung mit der vorliegenden Forschungsliteratur als wichtig herauskristallisiert hatten; meist war dies jedoch nicht notwendig, da diese Probleme von den Interviewpartnern angesprochen wurden. Je nach Arbeitsschwerpunkt des jeweiligen Experten wurden in diesen vertiefenden Gesprächsabschnitten Schwerpunkte auf den politischen Prozess oder aber das organisationale Handeln gelegt.

Bei der Auswertung und Interpretation der Interviews muss immer die erkenntnistheoretische Einsicht bewusst bleiben, dass lediglich „das Deutungswissen der Akteure abgefragt und Situationsinterpretationen miteinander verglichen werden" können. Eine ‚faktische' Rekonstruktion politischer Prozesse und organisationalen Handelns ist auf diese Weise nicht möglich (Strünck 2000a: 13). Aus der Perspektive der neo-institutionalistischen Organisationsforschung (Hasse/Krücken 1999) kann dieser vermeintliche Nachteil des Experteninterviews, dass tatsächliches Handeln und Verhalten nicht erhoben werden kann, jedoch positiv gewendet werden: Gerade in Organisationen und institutionellen Kontexten beruht soziales Handeln vielfach auf kollektiv geteilten Realitätsdeutungen, die als ‚Mythen' in den Interviews erkennbar werden (Strünck 2000a: 24).

Insgesamt sind die Texte der Interviews also als – oft kollektiv geteilte – soziale Konstruktionen von Sinn zu lesen und bedürfen daher der kritischen Distanz des Forschers. Diese kritische Distanz ist besonders im Kontext institutionellen Wandels erforderlich, da davon ausgegangen werden muss, dass von den meisten Akteuren die Unsicherheit gegenwärtiger Herausforderungen deutlicher wahrgenommen und daher auch thematisiert wird als Kontinuitäten in den Rahmenbedingungen ihres Handelns (ebd.).

Experteninterviews erwiesen sich somit als ein wichtiger und gangbarer Weg der Datenerhebung. Um jedoch nicht den angedeuteten möglichen einseitigen Effekten dieser Interviews zu erliegen – dies würde sich darin zuspitzen, dass die Fallstudie die vorhandenen Organisatioinsmythen lediglich reproduziert –, ist es erforderlich, kritische Distanz zu wahren. Die ursprünglich angestrebte Kontrastierung der Experteninterviews durch die qualitative Inhaltsanalyse von Protokollen ausgewählter Sitzungen des Rates der Stadt

Göttingen sowie des Jugendhilfeausschusses hat sich aufgrund der besonderen Struktur dieser Textgattungen als wenig ergiebig erwiesen.[39] Ebensowenig können aufgrund ihres tendenziösen Charakters Informationsschriften oder Flugblätter der beteiligten Akteure für eine kontrastive Analyse herangezogen werden; sie werden dennoch als zusätzliche Informationsquelle zur Kenntnis genommen.

39 Während die Parlamentsprotokolle von Bundestag und den Landtagen *Rede*protokolle sind und in der politikwissenschaftlichen Forschung, insbesondere der qualitativen und quantitativen Inhaltsanalyse, vielfältig genutzt werden können, sind die Protokolle der Sitzungen von Rat und Jugendhilfeausschuss lediglich *Beschluss*protokolle und bieten daher diese Möglichkeit nicht.
Ein erster Zugang zur Arbeitsweise des Jugendhilfeausschusses konnte durch die teilnehmende Beobachtung bei einer Sitzung des JHA gewonnen werden (öffentlicher Teil der Sitzung des JHA am 15.3.2001).

5.2 Rahmenbedingungen kommunaler Kinderbetreuungspolitik

5.2.1 *Rechtliche Rahmenbedingungen*

Nachdem eine bereits 1998 angestrebte Änderung des KiTaG durch den niedersächsischen Landtag aufgrund vehementen öffentlichen Protestes fallengelassen wurde, hat der niedersächsische Landtag durch das am 20. Januar 1999 verabschiedete Haushaltsgesetz 1999 das KiTaG außer Kraft gesetzt bzw. in wesentlichen Teilen verändert. Zugleich wurde das zuständige Kultusministerium ermächtigt, die neuen, am 1. August 1999 in Kraft getretenen landesrechtlichen Regelungen durch Richtlinien zu erlassen (vgl. ‚Änderungen des Gesetzes über Tageseinrichtungen für Kinder'). Während zwar der Regelungsbereich der Kindertagesstätten in dem nun gültigen Gesetz definiert und deren Bildungs- und Erziehungsauftrag fixiert wird, unterbleibt die landesrechtliche Festlegung struktureller Mindeststandards für die Arbeit in der institutionellen Kinderbetreuung. Dies hat zur Folge, dass einerseits die Kommunen zukünftig entscheidend für die Ausgestaltung von Mindeststandards sind, sie andererseits in ihrer Standardsetzung mehr als zuvor die (bundesrechtlichen Vorgaben) des KJHG zu berücksichtigen haben (vgl. Klügel/David 2000).

Diese nun insbesondere von freien Trägern der Jugendhilfe sowie in der fachpolitischen Diskussion ausführlich kritisierten Vorgänge, von denen eine nachhaltige Verschlechterung des Standards sowie eine sich gleichzeitig verstärkende Ungleichheit der strukturellen Qualität in niedersächsischen Kindertagesstätten erwartet werden, sind Anlass für die sozialwissenschaftliche Forschung, da nun die Konflikte um die Ausstattung in die Kommunen verlagert werden.

In der Stadt Göttingen sind in diesem Zusammenhang in der jüngsten Vergangenheit vor allem die Bereitstellung eines bedarfsgerechten Angebots entsprechend dem bestehenden Rechtsanspruch sowie die Finanzierung (vgl. 4.3.1) der Einrichtungen problematisiert und verhandelt worden. Fragen der Finanzierung betreffen – angesichts fehlender landesrechtlicher Mindeststandards – jetzt immer auch die Qualität der pädagogischen Arbeit, die etwa durch den Einsatz von Fachkräften oder angemessene Verfügungs- und Freistellungszeiten gesichert werden soll. Die Qualitätsdebatte erreicht gerade auf diesem Wege auch die einzelnen Einrichtungen; sie müssen Mittel und Wege finden, ihren Beitrag zur Qualitätssicherung zu leisten. Ehe diese Probleme genauer analysiert werden können, soll der Blick auf die Angebotsstruktur institutioneller Kinderbetreuung in der Stadt Göttingen gerichtet werden.

5.2.2 *Angebot und Träger institutioneller Kinderbetreuung in Göttingen*

Dieser Abschnitt soll einen Überblick über die unterschiedlichen Angebote institutioneller Kinderbetreuung, die in der Stadt Göttingen bestehen, verschaffen. Die Angebote können überwiegend nach der anvisierten Altersgruppe differenziert werden. Hinzu kommen Plätze in integrativen Gruppen, in denen jeweils drei bis vier Kinder mit verschiedenen Behinderungen betreut und heilpädagogisch gefördert werden. Die Statistik der kommunalen Jugendhilfeplanung, auf die hier Bezug genommen wird (vgl. ISA/Stadt Göttingen 2000), weist darüber hinaus altersgemischte Gruppen als eigene Angebotsform aus. Demgegenüber habe ich, um eine bessere Übersichtlichkeit zu erzielen, die 210 Plätze in altersgemischten Gruppen je nach Altersgruppe den Angebotsformen Krippe, Kindergarten oder Hort zugerechnet. Die Angebote institutioneller Kinderbetreuung mit insgesamt 3.795 Plätzen in der Stadt Göttingen fasst Tabelle 3 zusammen:

Tabelle 3: *Angebot institutioneller Kinderbetreuung in der Stadt Göttingen Stand 1.3.1999*

Angebot	Kinderkrippe	Kindergarten	Kinderhort	Integr. Gruppen
Plätze (in %)	351 (9,2 %)	2.780 (73,3 %)	508 (13,4 %)	156 (4,1 %)

Eigene Zusammenstellung nach ISA/Stadt Göttingen 2000

Eine Gegenüberstellung von Angebot und Nachfrage institutioneller Kinderbetreuung nimmt die Jugendhilfeplanung nicht vor. Die Stadt Göttingen geht davon aus, dass das Angebot im Kindergartenbereich ausreichend ist und somit dem Rechtsanspruch auf einen Kindergartenplatz entsprochen werden kann. Insbesondere im interkommunalen Vergleich schneidet die Stadt Göttingen bei der Bereitstellung von Dreivierteltags- und Ganztagsplätzen gut ab, obwohl bereits durch einen Halbtagsplatz der Rechtsanspruch erfüllt wird. Das zusätzliche Angebot für Schulkinder in Horten wird von der Stadt Göttingen als bedarfsentsprechend angesehen, da nur wenige Platzwünsche abgewiesen werden müssen. Gleichwohl wird ein weiterer Ausbau dieses Bereichs, insbesondere eine stärkere Verzahnung von Schule und Jugendhilfe, als eine wichtige Aufgabe der Zukunft angesehen. Demgegenüber müssen im Krippenbereich zahlreiche Aufnahmeanträge abgewiesen werden, weshalb hier ein erheblicher Nachholbedarf besteht. Gleichwohl ist auch für den Krippenbereich festzuhalten, dass das bestehende Angebot den niedersächsischen Landesdurchschnitt deutlich übersteigt (Interview).

Wesentlich für die Rolle der freien Träger sind allerdings Angaben zur Trägerschaft der Tageseinrichtungen für Kinder. Tabelle 4 nimmt zunächst eine Gegenüberstellung von öffentlicher und freier Trägerschaft bei den verschiedenen Angebotsformen (ohne integrative Gruppen) vor:

Tabelle 4: *Institutionelle Kinderbetreuung in der Stadt Göttingen: Öffentliche und freie Trägerschaft nach Plätzen, Stand 1.3.1999*

	Kinderkrippe	Kindergarten	Kinderhort	*Gesamt*
öffentlicher Träger (Stadt Gö)	105 (29,9 %)	590 (21,2 %)	219 (43,1 %)	914 (25,1 %)
Freie Träger	246 (70,1 %)	2.190 (78,8 %)	289 (56,9 %)	2.725 (74,9 %)

Eigene Zusammenstellung nach ISA/Stadt Göttingen 2000

Deutlich ist das Gewicht der freien Träger bei allen Angebotsformen, das die bereits hohen Anteile in Westdeutschland übersteigt (vgl. 4.1). Der Vergleich zwischen Kindergarten und Kinderhort verweist aber auch auf die Notwendigkeit differenzierter Statistiken, da erst dadurch etwa das beachtliche Engagement der Stadt im Hortbereich erkennbar wird. Die folgende Tabelle 5 differenziert nochmals den Bereich der freien Träger (abermals ohne integrative Gruppen):

Tabelle 5: *Träger institutioneller Kinderbetreuung in der Stadt Göttingen: Plätze und Einrichtungen, Stand 1.3.1999*

	Plätze Krippe	Kiga	Hort	*Gesamt*	**Einrichtungen**
Stadt	105 29,9 %	590 21,2 %	219 43,1 %	914 25,1 %	14 17,2 %
Ev. Kirche, Diakonie	25 7,1 %	1.067 38,4 %	85 16,7 %	1.177 32,3 %	21 25,9 %
Kath. Kirche, Caritas		255 9,2 %		255 7,0 %	5 6,2 %
Stud.werk, DPWV	60 17,1 %	205 7,4 %	35 6,9 %	300 8,2 %	5 6,2 %
AWO	30 8,5 %	75 2,7 %	12 2,4 %	117 3,2 %	3 3,7 %
Kinderhaus	84 23,9 %	78 2,8 %	42 8,3 %	204 5,6 %	15 17,2 %
Andere	47 13,4 %	510 18,3 %	115 22,6 %	672 18,5 %	19 23,4 %

Eigene Zusammenstellung nach ISA/Stadt Göttingen 2000: 59ff.

Lesehinweis: Aufgrund der Datenlage war keine eindeutige Zuordnung der integrativen Gruppen nach Altersgruppen möglich, weshalb diese 156 Plätze hier nicht berücksichtigt wurden. Die Prozentsummen der jeweiligen Kategorien (horizontal) ergeben in einigen Fällen nicht 100 %; dies ist auf die hier vorgenommene Rundung auf nur eine Dezimalstelle zurückzuführen.

Betrachtet man die Trägerstruktur in der Stadt Göttingen genauer, wird zunächst die hervorstechende Bedeutung von Einrichtungen der Evangelischen Kirche und der Diakonie, die hier zusammengefasst wurden (vgl. 2.1), deutlich. Caritas und katholische Kirche unterhalten demgegenüber deutlich weniger Einrichtungen institutioneller Kinderbetreuung, was zweifellos im Zusammenhang mit der konfessionellen Struktur der Göttinger Bevölkerung zu sehen ist. Für die Angebotsstruktur von besonderer Bedeutung ist das Studentenwerk Göttingen, das aufgrund seiner Mitgliedschaft im DPWV hier gemeinsam mit anderen Einrichtungen von DPWV-Mitgliedsvereinen aufgeführt wird. Das Studentenwerk Göttingen hält insbesondere für studentische Eltern zahlreiche Betreuungsangebote, auch im Krippen- und Hortbereich, bereit. Während von den großen Wohlfahrtsverbänden die AWO ebenfalls einige Einrichtungen betreibt, tritt das DRK als Träger von Kindertagesstätten in der Stadt Göttingen nicht in Erscheinung. Die Angebotsstruktur wird weiterhin nachhaltig durch den freien Träger *Kinderhaus e.V.* geprägt. Dieser Verein, der ursprünglich 1981 von einer kleinen Elterninitiative gegründet wurde (Interview), ist inzwischen Träger zahlreicher Einrichtungen mit vor allem altersgemischten Gruppen und trägt zu einer Angebotsverbesserung insbesondere im Krippen-, aber auch im Hortbereich bei.[40] Die umfangreiche Kategorie weiterer freier Träger (‚Andere') umfaßt so unterschiedliche Träger wie Montessori- und Waldorfkindergärten, freikirchliche Gemeinden sowie kleinere Elterninitiativen. Aufgrund dieses vielfältigen Angebots erscheint es als gerechtfertigt, wenn die Stadt Göttingen die vom KJHG (§ 5) geforderte Wahlfreiheit bei der Inanspruchnahme von Kindertagesstätten als erfüllt ansieht (ISA/Stadt Göttingen 2000: 28).

Wie dieses Angebot aufrechterhalten und finanziert werden kann und welche Konflikte dabei entstehen, werden die folgenden Abschnitte zu zeigen versuchen.

40 Mit dieser Entwicklung fügt sich die ‚Vereinsbiographie' des *Kinderhauses e.V.* geradezu idealtypisch in die sozialwissenschaftliche Unterscheidung von *innenorientierter* und *außenorientierter Selbsthilfegruppe* ein (vgl. 2.1).

5.3 Probleme der KITA-Finanzierung: Elternbeiträge und Betriebskostenzuschüsse

Mit den Elternbeiträgen sowie den kommunalen Betriebskostenzuschüssen an die freien Träger waren in der jüngeren Vergangenheit die wesentlichen Eckpfeiler der Finanzierung institutioneller Kinderbetreuung Gegenstand kommunalpolitischer Entscheidungsprozesse; die damit verbundenen Konflikte und Politikergebnisse sollen im folgenden analysiert werden.

5.3.1 *'Wessen Brot ich ess, dessen Lied ich sing'? Die Rolle der Wohlfahrtsverbände bei der Gestaltung von Elternbeiträgen*

Kommunalpolitische Entscheidungen betreffen Elternbeiträge in zweierlei Hinsicht. Zunächst muss geklärt werden, ob Elternbeiträge nach sozialen Kriterien, d.h. nach der wirtschaftlichen Leistungsfähigkeit der Eltern zu staffeln sind; sollen die Beiträge gestaffelt werden, muss ein geeignetes und konsensfähiges Staffelsystem entwickelt und implementiert werden.

In der Stadt Göttingen gab es Anfang der 1990er Jahre einen einheitlichen Elternbeitrag, ehe im Kindergartenjahr 1993/94 eine zehn Stufen umfassende Staffelung eingeführt wurde, die jedoch später aus pragmatischen Gründen von einer fünf Stufen umfassenden Staffelung abgelöst wurde. Die Einführung einer Staffelung ist auf eine Soll-Vorschrift des niedersächsischen KiTaG (§20) zurückzuführen, nach der Elternbeiträge nach sozialen Kriterien zu staffeln sind.

Nach einer relativ kurzen Vorbereitungszeit hat der Rat der Stadt Göttingen am 9.6.2000 eine neue Entgeltordnung für Kindertagesstätten in der Stadt Göttingen beschlossen. Diese umfasst nunmehr drei unterschiedliche Stufen, die jedoch aufgrund der nur sehr geringen Differenzen zwischen den einzelnen Stufen (20,– DM monatl.) als Einheitstarif aufgefasst werden können[41], wobei zwischen den Angebotsformen Krippe, Kindergarten und Hort differenziert und der zeitliche Umfang der Betreuungsleistung berücksichtigt wird. Die neue Staffelung sieht vor, dass alle Eltern prinzipiell den höchsten Beitrag (Stufe 3) zu entrichten haben. Ermäßigungen greifen bei Wohngeldempfängern, die den Beitrag gemäß Stufe 2 zahlen. Nur bei denjenigen Eltern, bei denen der Elternbeitrag von der wirtschaftlichen Jugendhilfe übernommen wird (ca. 45 % aller Eltern, vgl. Interview), wird vom Jugendamt der günstigste Beitrag (Stufe 1) an den jeweiligen Träger überwiesen.[42] Weiterhin sieht die Neuregelung eine Dynamisierung der Elternbeiträge vor, die jährlich um 3 % angehoben werden sollen.

Was sind nun die Gründe für die Neugestaltung dieser Staffelung? Von Seiten der Verwaltung der Stadt Göttingen ist vor allem darauf verwiesen worden, dass die in der geschilderten Form vorgenommene Neugestaltung ein wichtiger Beitrag zur Verwaltungsvereinfachung darstellt und somit hilft, Kosten in der Verwaltung zu sparen. Von der Entlastung der Haushalte mit höherem Einkommen wurde weiterhin erwartet, dass nun auch von diesen Eltern die institutionelle Kinderbetreuung verstärkt in Anspruch genommen wird. Tatsäch-

41 Vgl. Entgeltordnung für Kindertagesstätten der Stadt Göttingen.
Elternbeiträge belaufen sich beispielsweise bei einer ganztägigen Betreuung in einem Kindergarten auf 220,– DM (Stufe 1), 240,– DM (Stufe 2) und 260,– DM (Stufe 3).
In ihrer bildungsökonomischen Untersuchung zur institutionellen Kinderbetreuung haben (Bock/Timmermann 2000: 390) Angaben zu Elternbeiträgen in Niedersachsen erhoben, die hier zum Vergleich aufgeführt werden. Demnach mußten 5,5 % der Befragten bis 100,– DM, 38,3 % 100,– DM bis 149,– DM, 23,8 % 150,– DM bis 199,– DM, 11,2 % 200,– DM bis 249,– DM, 8,4 % 250 DM bis 299,– DM sowie 12,8 % mehr als 300,– DM für institutionelle Betreuungsleistungen entrichten.
Diese Werte haben allerdings nur illustrativen Wert, da sie weder etwas über Staffelungen in den verschiedenen Kommunen aussagen, noch die unterschiedliche Betreuungs*dauer* in verschiedenen Einrichtungen berücksichtigen.

42 Die Verteilungswirkungen der Neugestaltung der Elternbeiträge ergeben eine deutliche Entlastung für Haushalte mit hohen Einkommen, deren Beitrag zuvor je nach Betreuungsleistung bei ca. 600,– DM lag. Haushalte mit niedrigen bis mittleren Einkommen, die aber keinen Anspruch auf Wohngeld oder Wirtschaftliche Jugendhilfe geltend machen können, werden durch diese Neuregelungen stärker belastet.

lich haben nach Veränderung der Staffelung zahlreiche Eltern mit höherem Einkommen, die zuvor ihren Betreuungsbedarf auf dem ‚grauen Markt' nachgefragt haben, ihre Kinder in Tageseinrichtungen öffentlicher oder freier Träger neu angemeldet (vgl. Interview). Somit wird aus Sicht der Stadt Göttingen die Neugestaltung der Elternbeiträge dem sozialpolitischen und pädagogischen Ziel der ‚sozialen Durchmischung' institutioneller Kinderbetreuung (vgl. auch Kreyenfeld/Spieß/Wagner 2001: 27ff.) gerecht.

Von Interesse ist nun weiterhin, welche Position die freien Träger hinsichtlich der Elternbeiträge beziehen. Es stellt sich die Frage, ob und in welcher Weise die Wohlfahrtsverbände dabei ihre Funktion als politische Interessenverbände wahrnehmen. In diesem Zusammenhang ist daran zu erinnern, dass zwar die Interessenvertretung der Wohlfahrtsverbände (JHA), nicht aber diejenige der Eltern institutionell gesichert ist (vgl. 4.3.2, Windhoff-Héretier 1989). Diesbezüglich kann festgehalten werden, dass die Neuregelung der Elternbeiträge den Jugendhilfeausschuss weitgehend konfliktfrei passierte und die freien Träger die neue Entgeltordnung der Stadt übernommen haben. Lediglich das *Kinderhaus e.V.* hat eine eigene Staffelung, die die wirtschaftliche Leistungsfähigkeit der Eltern stärker berücksichtigt; der Grundsatz, dass Elternbeiträge zu staffeln sind, hat Eingang in das neu entwickelte Leitbild des Vereins gefunden (Interview).

Dass die freien Träger die Staffelung der Stadt übernommen haben, obwohl diese von allen der von mir interviewten Mitarbeiter und Vertreter freier Träger als unsozial und nicht angemessen empfunden wird, dürfte auf pragmatische, vor allem finanzielle Überlegungen zurückzuführen sein. So können die freien Träger, die mit der städtischen Entgeltordnung arbeiten, auf eigene Verwaltungsdienste verzichten; demgegenüber müssen Träger mit eigener Entgeltordnung die Einstufung der Elternbeiträge und deren Überprüfung selbst vornehmen, was insbesondere kleinere Träger, aber selbst die Kirche vor finanzielle und organisatorische Schwierigkeiten stellt (Interview). Weiterhin muss den freien Trägern unterstellt werden, dass sie kaum ein Interesse an einer Rückkehr zur vorherigen Staffelung haben: Da in der Staffel für Bezieher wirtschaftlicher Jugendhilfe in früheren Entgeltordnungen ein niedrigerer Beitrag vorgesehen war, erhalten nun insbesondere Einrichtungen mit einem hohen

Anteil von Kindern, die von der wirtschaftlichen Jugendhilfe gefördert werden, höhere Einnahmen durch Elternbeiträge und werden dadurch von kommunalen Zuschüssen und Eigenmitteln unabhängiger. Ein Vertreter eines freien Trägers hält zwar die Neuregelung für „im Grunde unsozial", gesteht aber ein: „Das einzig für uns Positive ist, da wir hier [...] sowieso die eher wenig Verdienenden haben, dass der Beitrag, den die Stadt über wirtschaftliche Jugendhilfe zahlt, dass der erhöht worden ist" (Interview).

Die Einführung einer neuen Entgeltordnung für Kindertagesstätten fügt sich daher in das Bild der bislang vorherrschenden korporatistischen Verflechtung zwischen kommunaler Selbstverwaltung und Freier Wohlfahrtspflege ein, bei der Politikergebnisse in weitgehend einvernehmlichen Verhandlungen erzielt werden, von denen die Betroffenen systematisch ausgeschlossen sind (vgl. 2.2.2).

5.3.2 *Betriebskostenzuschußverträge: Auf dem Wege zur konfliktuellen Interessenvermittlung*

Diese Einvernehmlichkeit konnte jedoch bei der Neugestaltung der zweiten wichtigen Säule der Finanzierung institutioneller Kinderbetreuung, nämlich die Beteiligung der Kommune an den Betriebskosten der freien Träger, nicht mehr erreicht werden.

Die Stadt Göttingen hat seit 1991 mit nahezu allen freien Trägern von Kindertagesstätten Betriebskostenzuschussverträge geschlossen, in denen ein prozentualer Zuschuss von der Kommune in Abhängigkeit von der Ausgabenhöhe und den jeweiligen Einnahmen (einschließlich Elternbeiträgen) festgeschrieben wurde. Die Zuschussverträge berücksichtigen die unterschiedlichen finanziellen Möglichkeiten der freien Träger, weshalb die Stadt Göttingen bisher je nach Träger zwischen 35 % und 66 % der jeweiligen Betriebskosten übernommen hat (Interview). Seit einiger Zeit wurde offen darüber diskutiert, dass eine Neuregelung der Zuschussverträge wünschenswert sei. Auf Seiten der Kommunalverwaltung ging es hier insbesondere um die Herstellung von Planbarkeit, die durch budgetierte Kontrakte (vgl. 2.3.1) sichergestellt werden sollte.

Für diese Form ‚neuer Steuerung' waren auch die freien Träger zu gewinnen, da die bisherige Bezuschussungspraxis die tatsächliche Förderungssumme immer erst *nachträglich* nach Abschluss eines Kindergartenjahres festlegt. Trotz dieser gemeinsamen Interessen an einer Neuregelung, die langfristige Planbarkeit für beide Seiten gewährleisten soll, entzündeten sich an dieser Frage scharfe Konflikte. Das Thema ‚Betriebskostenzuschussverträge' dominiert seit Juni 2000 die Kommunalpolitik und insbesondere die Arbeit im Jugendhilfeausschuss der Stadt Göttingen. Was war geschehen?

Nach einem kurzen Vorspiel im JHA hat der Rat der Stadt Göttingen am 7.7.2000 beschlossen, die bisher gültigen Betriebskostenzuschussverträge für alle freien Träger zum 31.7.2001 zu kündigen. Ohne dass die freien Träger hiervon zuvor unterrichtet wurden, hat die Stadt Göttingen die bisherigen Verträge einseitig aufgekündigt. Durch diesen Schritt, der einheitlich als wichtiges Element der kommunalen Haushaltspolitik wahrgenommen wurde, wurden die freien Träger misstrauisch gegenüber dem weiteren Handeln der Kommunalverwaltung; es stand zu befürchten, dass neue Verträge nicht nur dem Ziel der Planbarkeit entsprechen, sondern zugleich einen Beitrag zur kommunalen Haushaltskonsolidierung leisten sollten.[43] Die gemeinsam geteilte Wahrnehmung der Stadtverwaltung *und* der Kommunalpolitik als ‚Gegner' brachte die freien Träger in einem bisher ungekannten Maß näher zueinander. In der Folge haben die freien Träger ein KITA-Bündnis ins Leben gerufen, „mit dem Ziel, eine gemeinsame Vertretung gegenüber dem öffentlichen Träger zu bilden, gemeinsam neue Betriebskostenzuschussverträge auszuhandeln, die für alle akzeptabel sind, und um eine gemeinsame Plattform für das Agieren in der Öffentlichkeit zu schaffen" (‚Notizen aus der KITA-Provinz'). Der von einigen Akteuren befürchtete Versuch der Verwaltung, Verträge mit einzelnen freien Trägern zu schließen und auf diese Weise das Bündnis freier Träger auszuhebeln, blieb entweder aus oder ohne erkennbaren Erfolg (Interview). Von diesen Situationsdeutungen der Akteure waren nun die Verhandlungen über neue Verträge gekennzeichnet, die unter Zeitdruck – schließlich sollten neue Ver-

43 An dieser Stelle sei daran erinnert, dass die Stadt Göttingen eine hochverschuldete Kommune ist, deren Haushaltsplanungen regelmäßig von der zuständigen Bezirksregierung nicht genehmigt werden.

träge zum 1.8.2001 in Kraft treten – in einem Unterausschuss des JHA geführt wurden (Interview).

Die Vertragsverhandlungen kamen nicht zu einem beide Seiten befriedigenden Ergebnis und müssen als gescheitert angesehen werden. Die freien Träger sahen bei den von der Verwaltung vorgetragenen Vertragsentwürfen wesentliche Ziele nicht erfüllt. So konnte insbesondere keine Einigkeit darüber erzielt werden, inwieweit die vertraglich zu fixierenden Budgets dynamisiert werden sollen, um die wegen Alterung des Personals zwangsläufige Steigerung der Personalkosten auszugleichen. Die Vertragsangebote der Stadt gingen von einer Festschreibung des gesamten Volumens der im Jahr 2000 gezahlten Zuschüsse aus, die nach den unterschiedlichen Bedürfnissen und Möglichkeiten der Träger neu verteilt und jährlich um 2 % angehoben werden sollten. Dieser Vorschlag wurde von den freien Trägern abgelehnt, da mit der Dynamisierung nicht einmal die steigenden Personalkosten aufgefangen werden können (Interview). Die Möglichkeit einer grundsätzlichen Neuorientierung in der Finanzierung institutioneller Kinderbetreuung, die die Kosten eines Betreuungsangebots analytisch und nicht aus den bisher entstandenen Kosten ermittelt hätte (Interview), wurde nicht genutzt. In einer Sitzung des Jugendhilfeausschusses am 19.3.2001 wurden die Vertragsverhandlungen für gescheitert erklärt und dem Rat der Stadt Göttingen empfohlen, die alten Verträge wieder einzusetzen bis neue Verträge geschlossen werden können. Die Kommunalverwaltung und die freien Träger streben den Abschluss neuer Betriebskostenzuschussverträge zum 1.8.2002 oder zum 1.1.2003 an (‚Umsetzung auf Eis', GT, 19.3.2001).

Bei diesen Verhandlungen war es ein strategischer Vorteil für die freien Träger, dass es sich bei den Betriebskostenzuschüssen nicht um eine freiwillige Förderung handelt, deren Höhe die Kommune nach eigenem Ermessen festsetzen kann. Vielmehr handelt es sich um Vertragsbeziehungen, deren Inhalt von beiden Seiten zu bestätigen ist. Dabei ist einigen Vertretern freier Träger durchaus bewusst, dass sie zumindest im Kindergartenbereich, in dem die Stadt den Rechtsanspruch sicherstellen muss, mit der Schließung eigener Einrichtungen als ultima ratio (eindrucksvoll) drohen können: „Wenn's absolut ernst ist, können wir sagen: ‚Stadt, du hast 'ne Pflicht und wir helfen bei dieser Pflicht. Und wenn ihr unsere Kindergärten nicht mehr auskömmlich bezuschusst, dann können wir sie nicht mehr betreiben'. Dann ist die Stadt natürlich in einer schwierigen Lage [...]" (Interview).[44]

Welche Erkenntnisse über die Beziehungen zwischen kommunaler Selbstverwaltung und Freier Wohlfahrtspflege vermitteln nun die geschilderten Verhandlungen um die Betriebskostenzuschussverträge? In einem ersten Schritt wurden bestehende Verträge *einseitig* durch die Akteure von Kommunalverwaltung und -politik (Rat) aufgekündigt; ein solcher Schritt musste von den freien Trägern vor dem Hintergrund bisher weitgehend konfliktfreier Zusammenarbeit als Abkehr von einer korporatistischer Steuerung aufgefasst werden. Dieser Paradigmenwechsel ist Ausdruck der fiskalisch bedingt abnehmenden Steuerungsmöglichkeiten der Kommunalpolitik sowie der Einführung ‚neuer Steuerungsmodelle' (vgl. 2.3.1). Die Wohlfahrtsverbände geraten zwar einerseits unter massiven Druck, da sie ihre finanziellen Ressourcen gegen die kommunale Haushaltspolitik verteidigen müssen. Dies eröffnet ihnen aber umgekehrt neue Handlungsoptionen: Sie tragen nicht mehr durch Stillhalten zur Legitimation politischer Entscheidungen bei, sondern suchen sich Partner zur gemeinsamen Interessenvertretung. Freie Träger bilden ‚strategische Allianzen' untereinander oder mit den Betroffenengruppen (Eltern) und erschweren auf diese Weise der Politik das Durchsetzen unangenehmer Programme.[45]

44 So auch Frey/Kleinfeld (1997: 58): „Im äußersten Fall wäre es denkbar, dass defizitäre Aufgaben an den Staat zurückgegeben werden."

45 Eine Schwierigkeit beim Versuch einer Einschätzung besteht in der Tatsache, dass durch das Wiedereinsetzen der bestehenden Verträge das Thema ‚Betriebskostenzuschussverträge' aus dem kommunalen Wahlkampf entfernt worden ist. Die hier behauptete Stärke des KITA-Bündnisses muss sich vermutlich nach der Kommunalwahl im September 2001 neu beweisen, wenn neue Verhandlungsrunden anstehen. Aber auch hier können freie Träger zumindest im Kindergartenbereich in letzter Konsequenz auf die kommunale Pflicht verweisen.

5.4 Der Rechtsanspruch und die Folgen: Strategien der Angebotsausweitung

Diese gewandelten Beziehungen zwischen öffentlicher und freier Wohlfahrtspflege bestimmen auch die gegenwärtigen Strategien der Angebotssicherung und -ausweitung, die hier am Beispiel einer neu zu eröffnenden Kindertagesstätte im Göttinger Stadtteil Elliehausen beschrieben werden sollen.[46]

Wie bei der Darstellung der Angebotsstruktur institutioneller Kinderbetreuung festgestellt wurde, gilt der Rechtsanspruch auf einen Kindergartenplatz in Göttingen als erfüllt. Der Zuzug zahlreicher junger Familien macht jedoch einen vorübergehenden Ausbau des Angebots erforderlich, weshalb im Sommer 2001 eine neue Kindertagesstätte eröffnet werden soll. Da man in dem Stadtteil, in dem bereits die Evangelische Kirche eine Kindertagesstätte betreibt, Trägerkonkurrenz vermeiden wollte, wurde die von der Kommunalverwaltung zu vergebende Trägerschaft dieser Einrichtung nicht unter den freien Trägern ausgeschrieben, sondern ebenfalls der Evangelischen Kirche angeboten.[47] Die Evangelische Landeskirche, die die Verhandlungen mit der Stadt stellvertretend für die prinzipiell interessierte Kirchengemeinde führte, verknüpfte die Verhandlungen über die Trägerschaft dieser einen Kindertagesstätte mit den Verhandlungen über die Betriebskostenzuschussverträge für alle Göttinger Einrichtun-

46 Die Darstellung beruht auf den Verhandlungen im Jugendhilfeausschuss am 15.3.2001, bei der ich als ‚interessierter Bürger' (teilnehmende Beobachtung) anwesend war.

47 Hintergrund dieser Strategie sind demographische Prognosen, die einen nur vorübergehenden Bedarf an zusätzlichen Plätzen nahelegen. Offensichtlich geht die Verwaltung der Stadt Göttingen davon aus, in diesem Stadtteil mittelfristig das Angebot wieder zurücknehmen zu müssen. Dies dürfte sich einfacher gestalten, wenn sich beide Einrichtungen in derselben Trägerschaft befinden.

gen in Trägerschaft der Evangelischen Kirche und forderte eine erheblich gesteigerte Beteiligung an den Betriebskosten durch die Kommune.

Diese Forderungen wurden vom Jugendamt der Stadt Göttingen als inakzeptabel erachtet, weshalb eine städtische Trägerschaft für die Kindertagesstätte anvisiert wurde. Bei der Aussprache im Jugendhilfeausschuss wurde geltend gemacht, dass dabei auf bereits bei der Stadt beschäftigtes Personal zurückgegriffen werden kann, das im Zusammenhang der Einführung ‚Verlässlicher Grundschulen' in städtischen Horten entbehrlich wird.[48] Aus diesem Grund sieht die Stadt eine eigene Trägerschaft als kostengünstiger an[49] und wies deshalb Einwände zurück, die unter Berufung auf das Subsidiaritätsprinzip den Vorrang freier Träger geltend machen wollten. Dies entspricht einem Verständnis von Subsidiarität, dass freien Trägern nicht prinzipiell den Vorrang vor öffentlichen Trägern einräumt, sondern diesen Vorrang auch an das Kriterium der effizienten Mittelverwendung knüpft: „Die Stadt hatte bisher die Linie: wenn es wirtschaftlich günstiger ist, dass freie Träger eine Kindertagesstätte betreibt, soll es auch der freie Träger machen. Und wenn es günstiger ist, dass die Stadt die Trägerschaft übernimmt, soll es die Stadt machen [...]. Wir sagen: *Das Subsidiaritätsprinzip findet dann Anwendung, wenn eben der freie Träger die Leistung wirtschaftlicher erbringt als die Stadt*" (Interview).[50] Dieser Argumentation entsprechend empfahl die Mehrheit des Jugendhilfeausschusses dem Rat der Stadt Göttingen, die neu errichtete Kindertagesstätte in städtischer Trägerschaft zu übergeben.

48 Die ‚Verlässliche Grundschule', die in Niedersachsen bis spätestens zum Schuljahr 2002/ 2003 flächendeckend eingeführt wird, sichert durch außerunterrichtliche Angebote und ausreichende Vertretungskräfte eine durchgehende Betreuung der Schulkinder von 8 bis 13 h. Aus diesem Grund wird die bisher praktizierte Vormittagsbetreuung im Hort entbehrlich; die dort bisher anfallenden Arbeitsstunden sollen auf andere Einrichtungen verteilt werden, um betriebsbedingte Kündigungen zu vermeiden. Da die Stadt Göttingen (vgl. 5.2.2) sich bisher insbesondere im Hortbereich engagiert hat, ist ihr Personal von dieser Umstrukturierung besonders betroffen.

49 Die Begründung der kommunalen Sozialverwaltung, dass die eigene Trägerschaft kostengünstiger sei, wurde von einigen Vertretern freier Träger in Frage gestellt, da ja freie Träger immer auch einen Eigenanteil in die Mischfinanzierung einbringen und deshalb die Kosten der Stadt, die sich bei der Einrichtung in eigener Trägerschaft grundsätzlich auf 100 % belaufen, senken. – Eine Bewertung dieser konträren Auffassungen kann von mir nicht vorgenommen werden.

50 Dieses Subsidiaritätsverständnis folgt der neueren juristischen Kommentierung des KJHG, wonach der freien Wohlfahrtspflege kein absoluter Vorrang eingeräumt werden kann. Vielmehr konstituiert das Sozialrecht „ein Funktionsverteilungsprinzip unter Wirtschaftlichkeitsaspekten und fordert eine *partnerschaftliche Zusammenarbeit* der öffentlichen und freien Träger" (Fieseler/Herborth 1996: 83).

Auch dieses Ergebnis kommunaler Jugendhilfepolitik verweist auf die gewandelten Interaktionsformen zwischen öffentlicher und freier Wohlfahrtspflege. Wäre noch unter anderen haushaltspolitischen Voraussetzungen, wie sie vor allem während der wohlfahrtsverbandlichen Expansionsphase der 1960er und 1970er Jahre bestanden, die Übergabe dieser neuen Kindertagesstätte in freie Trägerschaft wohl selbstverständlich gewesen, so ist es offensichtlich unter den heutigen Bedingungen knapper öffentlicher Finanzen für die Kommunalverwaltung zwingend notwendig, auch in Verfahren dieser Art die eigenen Interessen mit Nachdruck durchzusetzen. Auf solches politisches Handeln reagieren die freien Träger überwiegend mit Befremden und berufen sich dabei auf das sozialrechtlich normierte Subsidiaritätsprinzip. Auffallend ist bei diesen Argumentationsstrategien, dass nicht über den möglichen juristischen Gehalt des Subsidiaritätsprinzips diskutiert, sondern vielmehr ein gemeinsames Verständnis von Subsidiarität als dem *absoluten* Vorrang freier Träger vorausgesetzt wird. Dieses Deutungsmuster – das eher undifferenzierte, vereinfachte Beharren auf der Priorität freier Trägerschaft – möchte ich im folgenden im Ausschuss an die neo-institutionalistische Organisationssoziologie (Hasse/Krücken 1999) als ‚Mythos Subsidarität' bezeichnen. Neben dem Verweis auf dieses offensichtlich wichtige Deutungsmuster des institutionellen Arrangements spielt beim Verhandlungsverhalten der Evangelischen Kirche ein weiterer Aspekt eine bedeutende Rolle. Denn hier geht es nicht nur um die Zufuhr notwendiger finanzieller Ressourcen, sondern auch um die Gewährleistung einer fachlich fundierten sozialen Arbeit, die man als Träger nach professionellen Kriterien betreiben möchte: „Aber wenn wir nicht mehr auskömmlich bezahlt werden und wir nur noch die Alternative haben, Standards senken oder im Laufe von acht bis zehn Jahren Bankrott gehen, dann ist das Geschäft für uns nicht mehr attraktiv. Wir machen gute Arbeit, wir haben nen guten Ruf, und den lassen wir uns dann auch nicht kaputtmachen, weil es gibt nichts schlimmeres als wenn Kirche das, was sie macht, dann auch noch schlecht macht" (Interview). Die in diesem Zusammenhang immer wichtiger werdenden Konzepte von Profilbildung und Qualitätsmanagement beleuchtet der folgende Abschnitt.

5.5 Zwischen fachlicher Profilbildung und betriebswirtschaftlicher Steuerung: Qualitätsmanagement und Organisationsentwicklung in der Freien Wohlfahrtspflege

Bei den von mir durchgeführten Interviews ist deutlich geworden, dass die in den Sozialwissenschaften zunehmend an Gewicht gewinnende Qualitätsdebatte[51] die ‚Basis' erreicht hat und Qualitätsmanagement und -sicherung als eine wichtige Aufgabe insbesondere von Leitungskräften in Kindertagesstätten angesehen wird (Interviews). Qualitätsmanagement steht im Spannungsfeld zwischen einer fachlich begründeten Profilbildung einer Einrichtung sowie den Anforderungen betriebswirtschaftlichen Managements und ist deshalb keineswegs eine leicht zu lösende Aufgabe.

Dieses Dilemma ist in einigen Interviews insofern deutlich hervorgetreten, als dass die befragten Leitungskräfte Qualitätsmanagement als eine weitergehende Professionalisierung der Arbeit in der Kindertagesstätte betrachten; wichtige Elemente der Qualitätsentwicklung sind daher nach innen gerichtete Fortbildungsmaßnahmen und intensive Mitarbeiterbesprechungen. All das kostet Zeit und Geld und konfligiert daher mit den Prämissen betriebswirtschaftlichen Managements.

Nach außen gerichtet kann Qualitätsentwicklung beispielsweise als eine durch die Auswahl bestimmter pädagogischer Konzepte deutlich erkennbare Profilierung der jeweiligen Einrichtung verstanden werden. Profilbildung ist dabei häufig an den Präferenzen potenzieller Kunden ausgerichtet und dient

51 Auf die zwar noch in den Anfängen stehende, inzwischen jedoch kaum mehr zu überblickende Forschung zum Qualitätsmanagement sozialwirtschaftlicher Organisationen kann hier jedoch nicht ausführlich eingegangen werden (vgl. allgemein Arnold 1998, zur Qualität in Kindertagesstätten Tietze Hrsg. 1998).

somit dem Ziel einer kontinuierlichen Auslastung der Einrichtung.[52] Strukturqualität, die vor allem in der personellen und räumlichen Ausstattung von Kindertagesstätten besteht, ist gerade in Zeiten kommunaler Finanzkrisen und verstärkter Verteilungskonflikte zwischen öffentlichen und freien Trägern gefährdet, umgekehrt kann jedoch die an pädagogischer Fachlichkeit orientierte Qualitätsentwicklung durch die spezifische Profilierung dazu beitragen, dass die betreffende Einrichtung am Dienstleistungsmarkt erfolgreich besteht und sich auf diese Weise den Zufluss der notwendigen Ressourcen sichert. Dieser Aspekt kann anhand der Strategie eines konfessionellen Wohlfahrtsverbandes beispielhaft erläutert werden. Eine Einrichtung dieses Trägers beherbergt neben den Kindergartengruppen zusätzlich heilpädagogische Gruppen für behinderte Kinder. Auf diese Weise macht sich der Träger teilweise unabhängiger von der kommunalen Bezuschussungspraxis, da die heilpädagogische Förderung vom Land Niedersachsen bezahlt wird. Hinzu kommt, dass der vergleichsweise große Träger in zahlreichen weiteren Arbeitsfeldern tätig ist und deshalb Personal (etwa speziell geschulte Therapeuten), das in der Kindertagesstätte nur stundenweise benötigt wird, aus eigenen Einrichtungen ‚ausgeliehen' werden kann (Interview). Somit erweist sich einerseits die Zugehörigkeit einer Einrichtung zu einem großen Wohlfahrtsverband als eine günstige Voraussetzung, um den neuen Herausforderungen erfolgreich zu begegnen. Darüber hinaus kann das beschriebene ‚Nischenmanagement', das herkömmliche Angebote (Kindergarten) mit spezielleren Angeboten, die von wenigen Trägern bereitgehalten werden, verknüpft, als eine Strategie angesehen werden, die das Selbstverständnis professionellen Handelns mit der betriebswirtschaftlichen Anforderung der marktförmigen Ressourcensicherung vereint.

Ein weitgehendes Verständnis betriebswirtschaftlicher Steuerung scheint in der Arbeit freier Kindergartenträger demgegenüber nicht verankert zu sein. Dies betrifft etwa den Personaleinsatz der Kirchengemeinden; hier besteht das Dienstverhältnis zwischen Mitarbeiter und Kirchengemeinde, so dass ein gemeindeübergreifender Personaleinsatz, der sich kostenmindernd auswirken

52 Kundenorientierung erreicht im Arbeitsfeld der Kindertageseinrichtungen jedoch häufig bei dem von den Eltern formulierten Wunsch nach ausgeweiteten Öffnungszeiten seine Grenzen (Interview). Ihren zusätzlichen Betreuungsbedarf müssen diese Eltern durch informelle Hilfe oder auf dem privaten Betreuungsmarkt decken.

könnte, nicht möglich ist. Hierzu bemerkt die Vertreterin der kommunalen Sozialverwaltung kritisch: „Das betriebswirtschaftliche Denken ist auf der [hauptamtlichen] Leitungsebene der Wohlfahrtsverbände sehr wohl vorhanden, aber bei den ehrenamtlichen Vorständen, da kommt das noch nicht an, die können das noch nicht verstehen" (Interview). Gerade diese Steuerungsdefizite der ehrenamtlichen Verbände sind es (Langnickel 1999), die in den Wohlfahrtsverbänden zur Ausgründung eigenständiger GmbHs unter hauptamtlicher Geschäftsleitung führen. Durch diese Strategie jedoch

> „könnten die Wohlfahrtsverbände auch schnell in eine Dilemma-Situation kommen: Die für ihre Legitimation wichtige Mobilisierung von ehrenamtlicher Arbeit wird durch GmbH-Strukturen und die Annäherung an gewerbliche Organisationsformen eher erschwert. Reorganisation von [...] ehrenamtlicher Arbeit [...] bleibt eine große Forderung für die Verbände" (Bäcker/Heinze/Naegele 1995: 121).

Das Qualitätsmanagement in Kindertagesstätten freier Träger verweist somit auf ein zentrales Problem des organisationalen Wandels der Wohlfahrtsverbände. Während Dienstleistungs- und Interessenvertretungsfunktion auch in Zeiten des Wandels offensichtlich organisationsintern erfolgreich miteinander verknüpft werden können, wird Ehrenamtlichkeit der Organisation strukturell entkoppelt; dies wird dann zum Problem, wenn wegen dieser Entkoppelung die Zufuhr wichtiger Ressourcen – ehrenamtliche Mitarbeit, Spenden, Legitimation –, die bisher auf der Einbindung freiwilligen Engagements beruhten, versiegt.

Ob und wie dieser Entkoppelung von Freiwilligkeit in Wohlfahrtsverbänden entgegengewirkt werden kann, muss in detaillierten organisationssoziologischen Studien (vgl. als erste Anregung Bogumil/Schmid 2001) gezeigt werden; hierfür fehlt in der vorliegenden Arbeit die notwendige empirische Basis.[53]

53 Als symptomatisch für die Schwierigkeit der Problembearbeitung erscheint mir die Tatsache, dass auch neuere Arbeiten (vgl. Grunwald 2001, Steinbacher 2000), die sich mit der Organisationsentwicklung in Wohlfahrtsverbänden beschäftigen, den Aspekt der Ehrenamtlichkeit eher notgedrungen ausklammern.

5.6 Strukturen des Postkorporatismus – Zwischenfazit

Im Anschluss an die Darstellung der Fallstudie sollen die bisher erkennbaren Tendenzen institutionellen und organisationalen Wandels zusammengefasst werden. Zunächst kann festgestellt werden, dass eine Erosion des korporatistischen Verflechtungszusammenhangs von öffentlicher und freier Wohlfahrtspflege erkennbar geworden ist. Die Abkehr von exklusiven Verhandlungszirkeln ist dabei wohl weniger das Ergebnis eines politischen Handelns, das originär eine Deprivilegierung von Wohlfahrtsverbänden anstrebt, als vielmehr eine Nebenfolge kommunaler Verwaltungsmodernisierung, also der Einführung ‚Neuer Steuerungsmodelle' (Kontraktmanagement) in Zeiten öffentlicher Finanzkrisen.

Die Reaktionen der Wohlfahrtsverbände sind vorerst ambivalent. So unterstützen sie ganz im Sinne des bisherigen Korporatismus diejenigen jugendhilfepolitischen Entscheidungen, bei denen sie nichts verlieren können (Elternbeiträge), und tragen damit zu ihrer Legitimation bei. Auch bei Entscheidungen, bei denen es für die Freie Wohlfahrtspflege Gewinnchancen gäbe (neue Trägerschaft), reagieren sie eher anachronistisch und rekurrieren in vereinfachender Weise auf das Subsidiaritätsprinzip, das als ‚Mythos' die Handlungsorientierungen innerhalb dieses institutionellen Arrangements ganz offensichtlich nachhaltig prägt. Zugleich entdecken die freien Träger jedoch in existenzbedrohenden Situationen (Betriebskostenzuschussverträge) neue Handlungsmöglichkeiten, die sich bei einer möglicherweise erfolgreichen Erprobung im politischen Prozess als zukunftsweisend herausstellen könnten. Neue

Handlungsformen entstehen durch ‚strategische Allianzen' zwischen den freien Trägern und gemeinsam mit den Kunden der eigenen Einrichtungen (Eltern). Auf diese Weise ist zwar die Interessenvertretung der Kunden institutionell nicht gesichert, doch ist deutlich, dass es der Kommunalpolitik schwer fallen dürfte, gegen solch breite Bündnisse unpopuläre Entscheidungen durchzusetzen. Ein ‚neuer Schulterschluss' zwischen öffentlicher und freier Wohlfahrtspflege angesichts gemeinsam zu bewältigender Probleme (Manderscheid 1995) ist demgegenüber nicht zu beobachten.

Die Schärfung der eigenen Kompetenz als Dienstleistungsbetrieb *und* politischer Interessenverband ist den Wohlfahrtsverbänden angesichts neuer Herausforderungen offensichtlich bereits gelungen. Durch die verstärkte Ausrichtung der Organisationsstruktur auf diese Aufgaben (‚GmbHisierung') wird jedoch ehrenamtliche Mitarbeit strukturell entkoppelt; dies stellt die Freie Wohlfahrtspflege vor neue Probleme, da ihre Besonderheiten als intermediäre Organisationen zu verschwimmen drohen (Angerhausen 1998).

Diese Überlegungen werden im folgenden Kapitel vertieft, indem die Ergebnisse der Fallstudie mit einigen Überlegungen des ersten Teils der Arbeit (2.3 und 3.1) sowie weiterer Forschungsliteratur zum institutionellen und organisationalen Wandel in der Wohlfahrtspflege verknüpft werden.

6. Zwischen alten und neuen (Un-)Freiheiten: Die Freie Wohlfahrtspflege am Beginn des 21. Jahrhunderts

Die Ergebnisse der notwendigerweise lokal und thematisch begrenzten Fallstudie werden in diesem Kapitel mit wichtigen jüngeren Arbeiten der Wohlfahrtsverbändeforschung verknüpft, um zu allgemeingültigen Aussagen zu gelangen. Dabei werden institutioneller (6.1) und organisationaler (6.2) Wandel getrennt voneinander behandelt. Ziel dieses Kapitels ist es, zu einer Gesamteinschätzung zu gelangen, die insbesondere das Verhältnis von Stabilität und Wandel der dualen Wohlfahrtspflege und ihrer Organisation reflektiert. Nur so ist es möglich, Veränderungen in der gesellschaftlichen Einbettung Freier Wohlfahrtspflege angemessen zu verstehen.

Historisch differente ‚Diskurse der Wohlfahrtspflege', mit denen das wechselnde öffentliche und fachpolitische Verständnis der Beziehungen zwischen öffentlicher und freier Wohlfahrtspflege erfasst werden kann (vgl. 2.4), verdeutlichen das Neue der heutigen Situation. Es zeigt sich, dass die Freie Wohlfahrtspflege noch in den 1980er Jahren als parastaatliche Bürokratie kritisiert worden war; sie galt also als zu wenig ‚frei'. Demgegenüber wird heute von zahlreichen Autoren und Akteuren befürchtet, die Wohlfahrtsverbände könnten durch die angebahnte Entlassung in marktwirtschaftliche Konkurrenz zu viel Freiheit erhalten – eine Freiheit, die ihre Existenz fundamental gefährdet. Die mit diesem Wandel verbundenen sozialen und politischen Prozesse waren Thema dieser Arbeit.

Rückblickend möchte ich auf die wesentlichen Dimensionen des Wandels sozialer Dienstleistungsproduktion hinweisen, die auf der institutionellen Ebene zu einer Neujustierung des Verhältnisses von öffentlicher und freier Wohlfahrtspflege beitragen und auf der Organisationsebene die Wohlfahrtsverbände zu Anpassungsstrategien an veränderte Umwelten zwingen. Neben Dimensionen der Politisierung und Ökonomisierung, auf die bereits am Beginn der Arbeit verwiesen wurde, soll der Aspekt der Qualitätssicherung mitberücksichtigt werden; Qualitätsorientierung liegt zwar in gewisser Weise quer zu den Dimensionen der Politisierung und Ökonomisierung – Marktmechanismen könnten zur Förderung von Qualitätsmanagement eingesetzt werden –, hat sich jedoch bei der Fallstudie als zentral für die gegenwärtige fachpolitische Diskussion erwiesen und darf deshalb nicht außer Acht gelassen werden. Tabelle 6, die an Überlegungen von (Heinze/Schmid/Strünck 1997: 262) anschließt, fasst die Struktur von Wandlungsprozessen zusammen:

Tabelle 6: *Die Soziologie sozialer Dienstleistungsproduktion – Aspekte des Wandels*

	Politisierung	Ökonomisierung	Qualitätsorientierung
Institution (Makro)	Konflikthafte Aushandlung	Kontraktmanagement und Budgetierung	Qualitätssicherung durch Anbieterkonkurrenz
Organisation (Mikro)	Mikropolitik in Organisationen	Betriebswirtschaftliche Steuerung	Qualität als Markenzeichen, Profilbildung

Im Folgenden ist zu überprüfen, ob diese neuen Herausforderungen bei der Produktion sozialer Dienstleistungen angemessen als Deprivilegierung Freier Wohlfahrtspflege verstanden werden können.

6.1 ‚Vom Status zum Kontrakt'? Die Freie Wohlfahrtspflege zwischen Subsidiaritätsmythos und Postkorporatismus – Aspekte institutionellen Wandels

Wie in der Fallstudie gezeigt werden konnte, ist auch in der kommunalen Kinderbetreuungspolitik eine Erosion des bisher dominierenden korporatistischen Verflechtungssystems erkennbar. Offen ist jedoch derzeit, ob es sich hier um einen paradigmatischen Wechsel zu neuen Politikstilen handelt oder ob nicht doch eher die Stabilität des institutionellen Arrangements dominiert. Diese Frage ist in den letzten Jahren besonders im Zusammenhang der Einführung der Pflegeversicherung thematisiert worden (Roth 1999, Strünck 2000a).

Dabei ist insgesamt deutlich geworden, dass durch bundesgesetzliche Vorgaben und die Einführung ‚Neuer Steuerungsmodelle' in den Kommunalverwaltungen, die auf eine Pluralisierung von Trägerstrukturen hinwirken, zwar die Verhandlungsmacht von Wohlfahrtsverbänden auf den ersten Blick geschwächt wurde, gleichwohl aber auf kommunaler Ebene korporatistische Verhandlungssysteme nicht vollständig verschwinden. Hierfür können unterschiedliche Erklärungen geltend gemacht werden, wobei das traditionelle Politikverständnis, das „Macht und Einfluss vor allem an realen Zwangsmitteln oder Drohpotenzial bemisst" (Roth 1999: 422) und etwa mit den Begriffen ‚voice' und ‚exit' beschreibt (Hirschmann 1974), zu erweitern ist. Denn offensichtlich ist die Wirkungsmacht der institutionellen Traditionen und Mythen so groß, dass sich nicht nur die Wohlfahrtsverbände weiterhin auf ihre durch das Subsidiaritätsprinzip gewährleistete bedingte Vorrangstellung berufen; zugleich werden die Wohlfahrtsverbände auch von kommunalpolitischen Akteuren als die wichtigsten Ansprechpartner bei der Lösung sozialpolitischer

Aufgaben angesehen. Dies dürfte nicht zuletzt mit der Tatsache zusammenhängen, dass zahlreiche Kommunalpolitiker zumindest Mitglied eines Wohlfahrtsverbandes sind, oft sogar Leitungsaufgaben in den ehrenamtlichen Vorständen wahrnehmen (vgl. für die AWO Seibel 1992).

Gegen eine Auflösung korporatistischer Strukturen sprechen auch die Entwicklungen auf den Dienstleistungsmärkten, die derzeit keine umwälzende Pluralisierung der Trägerstrukturen erkennen lassen. Dies verhindert eine eigentümliche Verquickung von Verwaltungsmodernisierung und kommunaler Haushaltspolitik: Während das Kontraktmanagement grundsätzlich zu einer Pluralisierung der Trägerstrukturen beitragen könnte, indem Kontrakte allein nach wirtschaftlichen Effizienzkriterien vergeben werden, bremst die kommunale Haushaltspolitik paradoxerweise diese Entwicklung. Da der Sparzwang der Kommunen eine breit gestreute Förderung zahlreicher freier Träger aus haushaltspolitischen Erwägungen verbietet, wird die notwendige Sicherung eines bedarfsgerechten Angebots denjenigen Trägern anvertraut, deren Arbeit sich nach Ansicht der Beteiligten bewährt hat und die zudem über Eigenmittel verfügen – den Wohlfahrtsverbänden (Dietz 1999: 24ff.). Diese wiederum kooperieren immer häufiger miteinander, um einerseits den Markt gegenüber anderen Anbietern abzuschotten und andererseits durch eine Angebotskonzentration auf den Rückgang öffentlicher Fördermittel zu reagieren. Die kommunale Haushaltskonsolidierung „könnte so [...] zu einer erneuten Konzentration der Anbieterlandschaft“ führen (Frey/Kleinfeld 1997: 58).

Zugleich stehen die Produkteigenschaften sozialer Dienstleistungen (vgl. 3.1) einer umfassenden Pluralisierung der Trägerstrukturen offensichtlich entgegen. Die derzeitigen Finanzierungsmodi sozialer Dienstleistungsproduktion erhöhen nicht gerade die Wahrscheinlichkeit, dass zahlreiche Forprofit-Organisationen in Konkurrenz zu freigemeinnützigen Organisationen eintreten werden.

Jedoch kann umgekehrt die fortbestehende Dominanz der Wohlfahrtsverbände auf den verschiedenen Dienstleistungsmärkten (Roth 1999: 428) nicht unhinterfragt als ein Revival korporatistischer Politikmuster interpretiert werden. So konnten in der kommunalen Kinderbetreuungspolitik Tendenzen postkorporatistischer Beziehungen zwischen Kommunalverwaltung und Wohlfahrtsverbänden herausgearbeitet werden, die auf eine zunehmend konflikthafte Interessenvermittlung hindeuten. Die Wohlfahrtsverbände entdecken in dieser Situation erneut ihre gemeinsamen Interessen, die öffentlichkeitswirksam in breiten Bündnissen – oft gemeinsam mit Betroffenen – kommuniziert werden. Dies könnte dazu führen, dass von seiten der Kommunalpolitik abermals exklusive Verhandlungen mit den etablierten Freien Trägern angestrebt werden, da die Durchsetzung politischer Entscheidungen gegen die Wohlfahrtsverbände erhebliche Legitimationsprobleme verursachen dürfte.

Wie können nun aber diese uneindeutigen Beobachtungen auf eine griffige Formel gebracht und zusammengefasst werden? Mit ihrer These, dass sich die institutionelle Einbindung der Freien Wohlfahrtspflege *von Status zum Kontrakt* wandele, haben meines Erachtens nach die Autoren um Rolf G. Heinze eine solche griffige und aussagekräftige Formel gefunden (vgl. Heinze 2000, Heinze/Schmid/Strünck 1997, Strünck 2000a).

Mit beiden Begriffen – Status und Kontrakt – beschreibt die Soziologie unterschiedliche Bündel von Rechten und Pflichten von Akteuren innerhalb einer sozialen Beziehung. *Status* beschreibt Rechte und Pflichten, die einem Akteur aufgrund seiner sozialen Position zugeschrieben werden. Diese Zuschreibung ist nicht verhandelbar. Häufig erhalten kollektive Akteure einen bestimmten Status, der ihnen beispielsweise die Teilnahme an exklusiven Verhandlungen erlaubt; in diesem Sinn bescherte das korporatistische Verflechtungssystem zwischen Staat und Wohlfahrtsverbänden der Freien Wohlfahrtspflege einen privilegierten Status. *Kontrakt* beschreibt demgegenüber Rechte und Pflichten eines Akteurs, die durch freiwillige Verhandlungen zwischen mehreren Akteuren zu Stande kommen und aus diesem Grunde auch veränderbar sind. In diesem Verständnis kennzeichnet der Kontrakt-Begriff die gegenwärtige Stellung der Wohlfahrtsverbände, da sie zwar durchaus eine noch immer wichtige Rolle bei sozialpolitischen Politikprozessen und auf Dienstleistungsmärkten einnehmen, die Art ihrer Einbindung jedoch punktuell festgelegt wird und Veränderungen unterliegt.

Somit reflektiert die Formel ‚*vom Status zum Kontrakt*‘ einerseits den institutionellen Wandel, der eine schleichende Abkehr von korporatistischen Politikmustern beinhaltet. Andererseits wird deutlich, dass die Wohlfahrtsverbände weiterhin ein wichtiger Partner staatlicher Akteure bei der Durchsetzung und Implementation sozialpolitischer Programme bleiben; diese Position verteidigt die Freie Wohlfahrtspflege durch den permanenten Rückgriff auf den wirkungsmächtigen ‚Subsidiaritätsmythos' sowie mit Hilfe ihrer weiterhin gesicherten institutionellen Einbettung (JHA) in die sozialpolitische Interessenvermittlung.

6.2 Die Wiederkehr wohlfahrtsverbandlicher Freiheit – Aspekte organisationalen Wandels

Es ist in dieser Arbeit bereits mehrfach deutlich geworden, dass die veränderte Einbindung der Wohlfahrtsverbände in das sozialstaatliche Geschehen, die mit der Formel ‚Vom Status zum Kontrakt' angemessen beschrieben werden kann, nicht ohne Wirkungen auf die Organisationsstruktur der einzelnen Wohlfahrtsverbände bleiben kann. Deshalb soll einerseits den bereits erkennbaren Veränderungen in den wohlfahrtsverbandlichen Organisationen nachgegangen werden. Umgekehrt kann gefragt werden, welchen Einfluss einen neue Organisationsrealität auf die Einbettung der Wohlfahrtsverbände in die sozialpolitische Interessenvermittlung ausübt.

Grundlegend für diese Analyse organisationalen Wandels ist das Verständnis von Wohlfahrtsverbänden als intermediäre Organisationen (vgl. 3.1), die horizontal zwischen den gesellschaftlichen Sphären *Markt*, *Staat* und *Gemeinschaft* vermitteln und organisationsintern die daraus resultierenden vielfältigen Aufgaben als *Betrieb*, *Verband* und *Verein* bearbeiten. Im Zusammenhang politischer und ökonomischer Deprivilegierung behaupten zahlreiche Autoren eine grundsätzliche Schwächung wohlfahrtsverbandlicher Organisationen (Backhaus-Maul/Olk 1994); diese These soll hier überprüft und in einigen Punkten relativiert werden.

Zunächst ist der Deprivilegierungsthese insofern recht zu geben, als dass zwar die Freie Wohlfahrtspflege ihre Marktanteile weiterhin halten, wenn nicht sogar ausbauen kann, sie jedoch zugleich aufgrund einer rückläufigen öffentlichen Förderung zu äußerst effizienter Mittelverwendung gezwungen ist, worauf die Leitungsstrukturen (ehrenamtliche Vorstände) bislang nicht vorbereitet waren. Hinzu kommt, dass der gleichzeitige Rückgang des Spendenaufkommens, der Kirchensteuern sowie des ehrenamtlichen Engagements die ökonomische Kraft der Wohlfahrtsverbände erheblich schwächt. Sie übernehmen angesichts dieser Situation unter dem Label ‚Sozialmanagement' zusammengefasste betriebswirtschaftliche Managementkonzepte und lassen ihre Organisationsstrukturen von Organisationsberatern ‚umkrempeln'. Auf die internen Wirkungen dieser Umstrukturierungsprozesse wird noch zurückzukommen sein. Insgesamt ist davon auszugehen, dass die marktwirtschaftliche Herausforderung das Bewusstsein für betriebswirtschaftliches Handeln schärft und die Freie Wohlfahrtspflege weiterhin – nicht zuletzt aufgrund der Produkteigenschaften sozialer Dienstleistungen (vgl. 3.1) – hohe Marktanteile behaupten können.

Gerade das Behaupten dieser Marktanteile wird allerdings immer mehr abhängig von der Finanzstärke und Organisationsstruktur der Verbände, wie in der Fallstudie bereits angedeutet wurde (5.5). Die bereits erreichte Größe könnte dabei eine wichtige Rolle spielen, weshalb die großen Kirchen und ihre Wohlfahrtsverbände – trotz rückläufiger Mitgliedszahlen – vielleicht am besten auf die marktwirtschaftliche Herausforderung reagieren könnten, während sich die *AWO* und das *DRK* eher zu ‚Versorgungsbetrieben für soziale Sicherheit' entwickeln, die solche Aufgaben übernehmen, deren staatliche Vergütung die anfallenden Kosten deckt. Die Organisationskultur wiederum ist eher bei *Caritas* und *Diakonie* reformresistent (vgl. 5, Nährlich/Zimmer 1997) und verhindert rechtzeitige Anpassungen an veränderte Umwelten. Gleichzeitig verdeutlicht die Entwicklung des *DPWV*, dass eine zunehmende Verbandlichung, also die Zentralisierung organisatorischer und ökonomischer Ressourcen, eine angemessene Anpassungsstrategie darstellt, in deren Sog auch kleinere Organisationen geraten (Dietz 1999, Strünck 1995). Wenn auch die lokalen *Vereine* eine wesentliche Existenzbedingung Freier Wohlfahrtspflege ausmachen (Manderscheid 1995), so liegt wohl gerade im Kontext der gegenwärtigen Transformationsprozesse in der überörtlichen *Verbands*bildung der entscheidende Vorteil der Wohlfahrtsverbände gegenüber kleineren, lokal begrenzten Vereinen.

Welche Entwicklung nehmen nun im Zusammenhang neuer Herausforderungen die Wohlfahrtsverbände als politische Interessenverbände? Hier zeigt sich meiner Ansicht nach, dass ihre Position in Folge der Erosion korporatistischer Politikmuster nicht geschwächt ist, wie einige Analysen nahelegen (Backhaus-Maul/Olk 1998, Pabst 1998). Vielmehr eröffnen sich nun neue Handlungsmöglichkeiten, die zuvor wegen der engen Beziehungen zu staatlichen Akteuren ausgeschlossen waren. Diese neuen Handlungsoptionen bestehen vor allem in Form ‚strategischer Allianzen', die die Wohlfahrtsverbände untereinander eingehen. Aber auch und besonders das gemeinsame Engagement mit Bürgern, die von sozialpolitischen Programmen betroffen sind, stärkt die Position der Wohlfahrtsverbände, da gegen solch breite Bündnisse politische Entscheidungen kaum ohne schwerwiegende Legitimationsverluste der Politik durchgesetzt werden können. Eine solche Stärkung der Verbandsfunktion konnte in der Fallstudie zur kommunalen Kinderbetreuungspolitik aufgezeigt werden; auch das armutspolitische Verhalten einiger Wohlfahrtsverbände verdeutlicht eine gegenüber den 1980er Jahren (Bauer 1991, Aust 1993) stärkere Akzentuierung der politischen Interessenvertretung durch die Wohlfahrtsverbände (Strünck 2000b). Da die Beziehungen zwischen Freier Wohlfahrtspflege und staatlichen Akteuren nur noch punktuell ausgehandelt werden (‚Vom Status zum Kontrakt'), sind die Wohlfahrtsverbände nicht mehr an der permanenten Legitimation sozialpolitischer Programme beteiligt, weshalb es ihnen nun offensichtlich leichter fällt, politische Interessen *gegen* Politik und Verwaltung zu vertreten. Auch Kommunalpolitikern ist bewusst, dass sie angesichts dieser veränderten Akteurbeziehungen keine Verbündeten finden werden, wenn es beispielsweise darum geht, wegen geringer Nachfrage einzelne Gruppen in Kindertagesstätten zu schließen (Interview).

Zwei wichtige Funktionen der Freien Wohlfahrtspflege – Dienstleistungsfunktion *und* Interessenvertretungsfunktion – treten somit gerade im Kontext neuer Herausforderungen deutlicher hervor; zugleich wird allerdings die dritte wichtige Funktion der Wohlfahrtsverbände geschwächt: Die Mobilisierung ehrenamtlichen Engagements.

Hierfür können zwei Entwicklungen verantwortlich gemacht werden. Zunächst ist der Rückgang freiwilligen Engagements die Folge gesellschaftlicher Modernisierungsprozesse, die mit der Dialektik von Individualisierung und Pluralisierung im Beckschen Sinn charakterisiert werden können (Beck 1986); im Ergebnis sinkt insgesamt die Bereitschaft zu gemeinnützigen Engagements, und zugleich verändert sich die Struktur des Ehrenamtes, das sich nun eher auf spontanes und vorübergehendes Engagement ausrichtet (‚neues Ehrenamt', vgl. Bäcker/Heinze/Naegele 1995: 46f.).

Zugleich sind es auch organisationsinterne Prozesse, die die Attraktivität des Ehrenamtes mindern. Ausgangspunkt dieser Entwicklung ist die Übernahme betriebswirtschaftlicher Managementkonzepte, die veränderten Umweltbedingungen Rechnung trägt. Ob dies eine angemessene Strategie sein kann, muss bezweifelt werden, da betriebswirtschaftliche Managementkonzepte, die sich ihrem Selbstverständnis entsprechend auf effizientes Handeln von Forprofit-Organisationen konzentrieren, systematisch die vielschichtige Organisationsrealität von intermediären Organisationen außer Acht lassen. Darüber hinaus bleibt, wie Klaus Grunwald herausgearbeitet hat (2001), die Fachlichkeit sozialer Arbeit, wie sie von grundlegenden sozialpädagogischen Theorien reflektiert wird, ebenso unberücksichtigt wie die besonderen Produkteigenschaften von sozialen Dienstleistungen (vgl. 3.1). Organisationssoziologisch ist der Rekurs der Leitungseliten der Freien Wohlfahrtspflege auf Konzepte des Sozialmanagements als eine Wirkung der gegenwärtigen Unsicherheit zu deuten: „Schnell greifbare Mythen" wie die aufkommenden Sozialmanagement-Konzepte stellen „passende Reorganisationsmuster bereit" (Strünck 1996: 722) und reduzieren Komplexität.

Keineswegs soll hier in Frage gestellt werden, dass effizienter Ressourceneinsatz und betriebswirtschaftliches Handeln auch in Wohlfahrtsverbänden mehr denn je notwendig ist. Jedoch trägt die unreflektierte Übernahme betriebswirtschaftlicher Managementkonzepte zur Entkoppelung ehrenamtlichen Engagements bei und produziert deshalb vermutlich mehr organisationsinterne Probleme als dass sie hilft, die neuen Herausforderungen erfolgreich zu verarbeiten.

Aus dieser Perspektive führt die deutliche Akzentuierung der Dienstleistungsfunktion von Wohlfahrtsverbänden, die sich beispielsweise in der Ausgründung von GmbHs sichtbar niederschlägt, zu organisationsinternen Konflikten zwischen ehrenamtlichen Vorständen und hauptamtlichen Geschäftsführungen. Es ist evident, dass die mikropolitisch mit Argumenten ökonomischer Effizienz durchgesetzte Entmachtung ehrenamtlicher Vorstände durch hauptamtliche Geschäftsführer tiefgreifende Legitimationsprobleme hervorruft und ehrenamtliche Mitarbeiter frustriert (Bäcker/Heinze/Naegele 1995: 120f.); auch nach außen wird dann die Legitimation des eigenen Handelns nicht einfacher:

> „Diese Gefahr besteht zumindest dann, wenn Effizienzanstrengungen und Effektivitätsmaßstäbe auf Dauer getrennt bleiben. Eine isolierte Effizienzstrategie ohne sozialpolitisch verhandelte Effektivitätsmaßstäbe flieht nicht nur vor grundlegenden Diskussionen über Prioritäten und Wirksamkeit sozialer Dienste. Sie stutzt auch Managementprobleme auf eine Organisationsreform ohne Politik zurück“ (Strünck 1996: 722).

Wie aber kann es den Wohlfahrtsverbänden in dieser Situation gelingen, weiterhin Freiwilligkeit zu aktivieren, um als ‚funktionale Kommunitaristen‘ die gesellschaftliche Koordination von Gerechtigkeit und Effizienz zu sichern (Wagner 1993)?

Auf diese grundsätzliche Frage weiß weder die neuere organisationssoziologisch orientierte Wohlfahrtsverbändeforschung (vgl. Grunwald 2001) noch die jüngere fachpolitische Diskussion in den Verbänden (vgl. Klug 1997) eine wegweisende Antwort. Auch kann die vorliegende Arbeit nicht den Stein des weisen Organisationsberaters aus seinem bislang unbekannten Versteck hervorholen; dennoch könnte sich die Möglichkeiten einer Reaktivierung ehrenamtlichen Potenzials ergeben, die ich hier kurz andeuten möchte.

Meiner Ansicht nach sollten die Leitungseliten der Freien Wohlfahrtspflege versuchen, die erkennbaren punktuellen Bündnisse mit Betroffenengruppen (wie etwa den Eltern bei der Kinderbetreuungspolitik) funktional zu erweitern. Dieser Versuch könnte darauf hinauslaufen, diese Bündnisse nicht nur zur Durchsetzung der eigenen Interessen in der Sozialpolitik einzusetzen, sondern die beteiligten Außenstehenden gleichzeitig in die Vereinsstrukturen einzubinden. Aus dieser punktuellen Mitarbeit könnte sich in günstigen Fällen ein stetiges ehrenamtliches Engagement entwickeln. Selbstverständlich darf man sich keine Wunder von einer solchen Strategie erwarten; dennoch könnte es gelingen, wieder mehr freiwilliges Engagement in der Freien Wohlfahrtspflege zu aktivieren. Dies setzt allerdings voraus, dass Professionalität und Ehrenamtlichkeit nicht mehr als einander unversöhnlich gegenüberstehende Prinzipien der Arbeitsorganisationen verstanden werden; vielmehr müssen die hauptamtlichen Geschäftsleitungen das Ehrenamt als eine wesentliche Ressource der Wohlfahrtsverbände ansehen, die ihnen einen komparativen Vorteil gegenüber anderen sozialwirtschaftlichen Organisationen gewährt. Dann aber muss Ehrenamtlichkeit aktiv eingeworben und – etwa durch Qualifizierungsmaßnahmen für ehrenamtliche Vorstände (Langnickel 1999) – durch die Verbände gefördert werden.

Fasst man die bisherigen Überlegungen zusammen, dann gelingt es den Wohlfahrtsverbänden im Kontext institutionellen Wandels, ihr Profil als politischer Interessenverband und Dienstleistungsprofil zu schärfen. Gerade dadurch wird aber die Reorganisation ehrenamtlicher Arbeit zu einer zentralen Zukunftsaufgabe für einen bewussten organisationalen Wandel. Diese Einschätzung wird in Tabelle 7 zusammengefasst. Die dabei vertretene Perspektive spiegelt den Versuch wieder, die verschiedenen Perspektiven der bisherigen Wohlfahrtsverbändeforschung zu integrieren:

Tabelle 7: *Handlungspotenziale und Aufgaben Freier Wohlfahrtspflege: Korporatismus und Postkorporatismus im Vergleich*

<table>
<tr><td>Wohlfahrtsverbände als …</td><td>Korporatismus</td><td colspan="2">Postkorporatismus</td></tr>
<tr><td>Betrieb</td><td rowspan="3">Problem:
‚Funktionaler Dilettantismus‘</td><td rowspan="3">Ziel:
‚Funktionaler Kommunitarismus‘</td><td>Qualitätsbewusster Dienstleistungsbetrieb</td></tr>
<tr><td>Verband</td><td>Advokaten politsch schwacher Interessen</td></tr>
<tr><td>Verein</td><td>Reorganisation ehrenamtlicher Arbeit</td></tr>
</table>

Diese Analyse verbindet zunächst die Dimension des institutionellen Wandels (Korporatismus vs. Postkorporatismus) mit dem organisationssoziologischen Verständnis von Wohlfahrtsverbänden als intermediäre Organisationen, die verschiedene Aufgaben – als Betrieb, Verband und Verein – verfolgen. Wohlfahrtsverbände agieren heute kaum mehr als ‚Funktionale Dilettanten' im Verständnis Wolfgang Seibels (1992). Die Beziehungen zwischen Politik und Freier Wohlfahrtspflege haben sich von Status zum Kontrakt entwickelt; in der Folge müssen die Wohlfahrtsverbände weniger Legitimationsaufgaben übernehmen, „tauschförmige Machtbeziehungen" (Strünck 1995: 351) sind insgesamt rückläufig. Somit erweist sich Seibels Analyse des ‚Funktionalen Dilettantismus' rückblickend eher als zeittypische, kritische Diagnose korporatistischer Verflechtungssysteme.

Zugleich erweist sich jedoch auch Antonin Wagners (1993) antithetisches Verständnis der Freien Wohlfahrtspflege als empirisch problematisch, da den Wohlfahrtsverbänden die Organisation von Gemeinschaftlichkeit momentan offensichtlich am wenigsten gelingt. Deshalb bleibt der ‚funktionale Kommunitarismus' eher eine normative Zielvorstellung und in diesem Sinn die Reorganisation ehrenamtlicher Arbeit durch die Wohlfahrtspflege eine wichtige Zukunftsaufgabe. Gleichwohl kann die Freie Wohlfahrtspflege ihre Identität als intermediäre Organisation wahren, setzen sie sich schließlich durch eine spezifische Verknüpfung von Interessenvertretungs- und Dienstleistungsfunktion erkennbar von anderen sozialwirtschaftlichen Organisationen ab. Gerade ihre Strukturbesonderheiten helfen den Wohlfahrtsverbänden offenbar, immer wieder neue Herausforderungen erfolgreich zu meistern:

> „Wenn [...] die Schonzeit für Wohlfahrtsverbände [...] auch wirklich zu Ende geht, werden sich die [...] Besonderheiten dieses Organisationstyps sogar eher akzentuieren als an Bedeutung verlieren. Nonprofit-Organisationen werden verstärkt mit ihrer eigenen Legitimationsempfindlichkeit konfrontiert werden und für die daraus entstehenden Probleme Lösungen finden müssen. Ihre Strukturbesonderheiten bieten aber auch Möglichkeit, ganz eigene Lösungen für diese Probleme zu

> entwickeln und damit ihre Distinktion von Forprofit-Organisationen […] beizubehalten".
>
> (Angerhausen 1998: 42)

Welchen Verbänden diese Profilierung intermediärer Identität am deutlichsten gelingt, wird erst die Zukunft zeigen.

7. Zusammenfassung und Ausblick

Ausgangspunkt dieser Arbeit waren die Wandlungsprozesse im institutionellen Zusammenspiel von öffentlicher und freier Wohlfahrtspflege, die gegenwärtig die sozialwissenschaftliche und fachpolitische Diskussion zur sozialen Dienstleistungsproduktion bestimmen. An die unterschiedlichen Stränge der bisherigen Wohlfahrtsverbändeforschung anknüpfend, wurde eine Forschungsperspektive entwickelt, die die Interdependenz von institutionellen und organisationalem Wandel in den Blick nimmt. Ziel war es, anhand einer empirischen Fallstudie zur kommunalen Kinderbetreuungspolitik die Anpassungsfähigkeit der Freien Wohlfahrtspflege in veränderten Umwelten zu überprüfen.

Die Analyse der wichtigsten Akteurkonstellationen und Interaktionsformen in der Kinderbetreuungspolitik verdeutlichte den Wandel des institutionellen Arrangements der dualen Wohlfahrtspflege. Zum einen forcierte hier die Einführung des Kontraktmanagements im Zuge der Verwaltungsmodernisierung eine Ökonomisierung der sozialen Dienstleistungsproduktion. Zum anderen wird eine veränderte Einbeziehung der Wohlfahrtsverbände in die sozialpolitische Interessenvermittlung des Postkorporatismus erkennbar, die mit der Formel ‚vom Status zum Kontrakt' angemessen beschrieben werden kann. Diese Politisierung führt aber nicht zwangsläufig zu einer vollständigen Deprivilegierung der Wohlfahrtsverbände.

Demgegenüber konnte gezeigt werden, dass die Wohlfahrtsverbände durchaus in der Lage sind, als intermediäre Organisationen angemessen auf neue Herausforderungen zu reagieren. So gelingt es ihnen beispielsweise, durch eine nach außen erkennbare Profilbildung und Qualitätsorientierung, auf neuen Dienstleistungsmärkten zu bestehen, wenn nicht gar ihre Position auszubauen. Ein Erklärungsansatz für die Dominanz der Wohlfahrtsverbände ist dabei auch in der ökonomischen Theorie sozialer Dienstleistungen zu suchen, die Nonprofit-Organisationen bei der Organisation sozialer Dienste komparative Vorteile gegenüber anderen sozialwirtschaftlichen Organisationen zuspricht.

Während auf den ersten Blick vermutet werden könnte, dass die Wohlfahrtsverbände ihre Funktion als Anwalt schwacher politischer Interessen gerade in Zeiten des Wandels kaum wahrnehmen können, konnte gezeigt werden, dass gerade das Gegenteil der Fall ist: Da sie durch die Lösung der politischen Austauschbeziehungen mit der kommunalen Verwaltung zu weniger Rücksichtnahme gezwungen sind, können sie ihr Profil als politische Interessenvertretung deutlich schärfen. Es eröffnen sich nun neue Handlungsoptionen, die besonders in strategischen Allianzen genutzt werden können. Mit breiten Bündnissen und dem noch immer wirkungsmächtigen ‚Subsidiaritätsmythos' verfügt die Freie Wohlfahrtspflege über ausreichendes Potential, um ihre Interessen im politischen System erfolgreich zu artikulieren. Wenn sich auch die Organisationsrealität der Freien Wohlfahrtspflege verändert, so scheint ihre relativ starke Position im institutionellen Arrangement den Wandel der dualen Wohlfahrtspflege eher zu bremsen. Der durchaus erkennbare Wandel erscheint deshalb auch nicht als besonders radikal; vielmehr reproduziert sich das bisherige System in neuer Form.

Die eigene Profilierung als Dienstleistungsbetrieb und politischer Interessenverband kann den Wohlfahrtsverbänden jedoch auch ‚erfolgreiches Scheitern' bescheren. Dies dürfte dann zu erwarten sein, wenn es ihnen nicht gelingt, die dritte Säule ihrer intermediären Identität – das ehrenamtliche Engagement – zu reaktivieren. Ohne Freiwilligkeit fehlten der Freien Wohlfahrtspflege wesentliche Ressourcen – ehrenamtliche Mitarbeit, Spenden und Legitimation. Dann aber ist alles ökonomische und politische Engagement nichts!

Die Mobilisierung ehrenamtlichen Engagements bleibt deshalb eine wesentliche Zukunftsaufgabe der Wohlfahrtsverbände. Für die Sozialwissenschaften bleibt die Aufgabe, die mikropolitischen Prozesse innerhalb der Verbände genauer zu erforschen, die zur Herausbildung unterschiedlicher Organisationsstrukturen und Profilierung verschiedener intermediärer Identitäten beitragen.

Anhang Literaturverzeichnis

‚Änderung des Gesetzes über Tageseinrichtungen für Kinder', *in: KiTa aktuell*, Ausgabe Niedersachsen, Nr.3/1999: 57-59

Angerhausen, Susanne 1998, Ende der Schonzeit. Die „neue" Legitimationsempfindlichkeit von Wohlfahrtsverbänden, *in: Arbeitskreis Nonprofit-Organisationen Hrsg.*, Nonprofit-Organisationen im Wandel. Ende der Besonderheiten oder Besonderheiten ohne Ende?, Stuttgart: Kohlhammer (Schriften des Deutschen Vereins für öffentliche und private Fürsorge): 21-45.

Angerhausen, Susanne/Holger Backhaus-Maul/Claus Offe/Thomas Olk/Martina Schiebel 1998, Überholen ohne einzuholen. Freie Wohlfahrtspflege in Ostdeutschland, Opladen: Westdeutscher Verlag.

Angerhausen, Susanne/Stefan Pabst/Martina Schiebel 1997, „Versorgungsbetriebe für soziale Sicherheit und Gleichheit". Wie sich ostdeutsche Geschäftsführer von Wohlfahrtsverbänden die freie Wohlfahrtspflege vorstellen, Bremen: Zentrum für Sozialpolitik (ZeS-Arbeitspapier Nr.4/1997).

Anheier, Helmut, Eckhard Priller/Wolfgang Seibel/Annette Zimmer Hrsg. 1997, Der Dritte Sektor in Deutschland. Organisationen zwischen Markt und Staat im gesellschaftlichen Wandel, Berlin: sigma.

Arnold, Ulli 1998, Qualitätsmanagement in sozialwirtschaftlichen Organisationen, *in: ders./Bernd Maelicke Hrsg.*, Lehrbuch der Sozialwirtschaft, Baden-Baden: Nomos (Edition Socialmanagement, Band 9): 277-315.

Aust, Andreas 1993, Wohlfahrtsverbände – Hindernisse eines sozialpolitischen Strukturwandels? Überlegungen zu einigen unwidersprochenen Thesen am Beispiel des armutspolitischen Verhaltens des Paritätischen Wohlfahrtsverbandes (DPWV), *in: Zeitschrift für Sozialreform 39*: 570-90.

Bäcker, Gerhard Reinhard Bispinck/Klaus Hofemann/Gerhard Naegele 2000, Sozialpolitik und soziale Lage in Deutschland, Band 2: Gesundheit und Gesundheitssystem, Familie, Alter, Soziale Dienste, Opladen: Westdeutscher Verlag (3. Auflage).

Bäcker, Gerhard/Rolf G. Heinze/Gerhard Naegele 1995. Die Sozialen Dienste vor neuen Herausforderungen, Münster: Lit (Dortmunder Beiträge zur Sozial- und Gesellschaftspolitik, Band 1).

Backhaus-Maul, Holger 2000, Wohlfahrtsverbände als korporative Akteure, *in: Aus Politik und Zeitgeschichte*, B 26-27: 22-30.

Backhaus-Maul, Holger/Thomas Olk 1998, Verhandeln und Kooperieren versus autoritative Politik – Regieren im Beziehungsgeflecht zwischen Staat und Drittem Sektor in der Sozialpolitik, *in: Ulrich Hilpert/Everhard Holtmann Hrsg.*, Regieren und intergouvernementale Beziehungen, Opladen: Leske und Budrich: 127-46.

Backhaus-Maul, Holger/Thomas Olk 1994, Von Subsidiarität zu „Outcontracting“: Zum Wandel der Beziehungen von Staat und Wohlfahrtsverbänden in der Sozialpolitik, *in: Wolfgang Streeck Hrsg.*, Staat und Verbände, Opladen: Westdeutscher Verlag (Politische Vierteljahresschrift, Sonderheft 19): 100-30.

Badelt, Christoph 1997, Soziale Dienstleistungen und der Umbau des Sozialstaats, *in: Richard Hauser Hrsg.*, Reform des Sozialstaats. Band 1: Arbeitsmarkt, soziale Sicherung und soziale Dienstleistungen, Berlin: Duncker und Humblot (Schriften des Vereins für Socialpolitik NF, Band 251/I): 181-220.

BAG (**Bundesarbeitsgemeinschaft der Freien Wohlfahrtspflege e.V.**) 1997, Gesamtstatistik der Einrichtungen der Freien Wohlfahrtspflege, Bonn: Selbstvertrag.

Bauer, Rudolph 1991, Intermediäre Instanzen im Strukturwandel der Sozialpolitik. Kommen intermediäre Hilfe- und Dienstleistungsorganisationen als Akteure sozialpolitischen Strukturwandels in Frage oder sind sie Agenturen zu seiner Verhinderung, *in: Österreichische Zeitschrift für Soziologie 16*: 74-91.

Beck, Ulrich 1986, Risikogesellschaft. Auf dem Weg in eine andere Moderne, Frankfurt: Suhrkamp.

Beckert, Jens 1996, Was ist soziologisch an der Wirtschaftssoziologie? Ungewissheit und die Einbettung wirtschaftlichen Handelns, *in: Zeitschrift für Soziologie 25*: 125-46.

Billis, David/Howard Glennester 1998, Human Services and the Voluntary Sector: Towards a Theory of Comparative Advantage, *in: Journal of Social Policy 27*: 79-98.

Bock, Kathrin/Dieter Timmermann 2000, Wie teuer sind unsere Kindergärten? Eine Untersuchung zu Kosten, Ausstattung und Finanzierung von Kindertageseinrichtungen, Neuwied: Luchterhand.

Bock-Famulla, Kathrin 1999, Finanzierung von Kindertageseinrichtungen, *in: Bernd Halfar Hrsg.*, Finanzierung sozialer Dienste und Einrichtungen, Baden-Baden: Nomos (Edition SocialManagement, Band 11): 169-80.

Bock-Pünder, Stephanie 1998, Rechtsanspruch auf Besuch eines Kindergartens. Voraussetzungen daseinsvorsorgender Verwaltung im sozialen Rechtsstaat, Berlin: Duncker und Humblot (Schriften zum Öffentlichen Recht, Band 768).

Boeßenecker, Karl-Heinz 1998, Spitzenverbände der Freien Wohlfahrtspflege in der BRD. Eine Einführung in Organisationsstruktur und Handlungsfelder, Münster: Votum (2. Auflage).

Bogumil, Jörg/Leo Kißler 1997, Risiken und Chancen eines Neuen Steuerungmodellls für die lokale Demokratie, *in: dies. Hrsg.*, Verwaltungsmodernisierung und lokale Demokratie. Risiken und Chancen eines Neuen Steuerungsmodells für die lokale Demokratie, Baden-Baden: Nomos: 9-19.

Bogumil, Jörg/Josef Schmid 2001, Politik in Organisationen. Organisationstheoretische Ansätze und praxisbezogene Anwendungsbeispiele, Opladen: Leske und Budrich (Grundwissen Politik, Band 31).

Brumlik, Micha 1995, Der importierte Kommunitarismus: Plädoyer für die verbandliche Wohlfahrtspflege?, *in: Rauschenbach/Sachße/Olk Hrsg.*: 34-53.

Colberg-Schrader, Hedi 1994, Einrichtungen für Kinder als unverzichtbarer Teil der sozialen Infrastruktur, *in: Gerhard Bäcker/Brigitte Stolz-Willig Hrsg.*, Kind, Beruf, soziale Sicherung. Zukunftsaufgabe des Sozialstaats, Köln: Bund-Verlag: 155-176.

Dietz, Berthold 1999, Alte und neue Partner im Sozialmarkt – Kultur lokaler Sozialpolitik im Wandel, *in: ders./Dieter Eißel/Dirk Naumann Hrsg.*, Handbuch der kommunalen Sozialpolitik, Opladen: Leske und Budrich: 15-29.

DJI (Deutsches Jugendinstitut e.V.) 1998, Tageseinrichtung für Kinder, Pluralisierung von Angeboten. Zahlenspiegel, München: Eigenverlag.

Domscheit, Stefan/Franz-Xaver Kaufmann/Marion Kühn 1980, Innovative Politik im Einflußbereich verbandlicher Wohlfahrtspflege – am Beispiel der Kindergartenreform in NRW, *in: Renate Mayntz Hrsg.*, Implementation politischer Programme, Band 1: Empirische Forschungsberichte, Königstein/Ts.: Athenäum: 176-99.

Domscheit, Stefan/Marion Kühn 1984, Die Kindergartenreform. Eine Fallstudie bundesdeutscher Sozialpolitik, Frankfurt/Main u.a.: Campus (Forschungsberichte des Instituts für Bevölkerungsforschung und Sozialpolitik an der Universität Bielefeld, Band 7).

Esping-Andersen, Gøsta 1990, The Three Worlds of Welfare Capitalism, Princeton: University Press.

Evers, Adalbert 1997, Freie Wohlfahrtspflege und Europäische Integration. Der Dritte Sektor im geeinten Europa, *in: Zeitschrift für Sozialreform 43*: 1-28.

Evers, Adalbert 1990, Im intermediären Bereich – Soziale Träger und Projekte zwischen Haushalt, Staat und Markt, *in: Journal für Sozialforschung 30*: 189-210.

Evers, Adalbert/Thomas Olk 1996, Wohlfahrtspluralismus – Analytische und normativ-politische Dimensionen eines Leitbegriffs, *in: dies. Hrsg.*, Wohlfahrtspluralismus: Vom Wohlfahrtsstaat zur Wohlfahrtsgesellschaft, Opladen: Westdeutscher Verlag: 9-60.

Fieseler, Gerhard/Reinhard Herborth 1996, Recht der Familie und Jugendhilfe. Arbeitsplatz Jugendamt/Sozialer Dienst, Neuwied: Luchterhand (4. Auflage).

Flick, Uwe 1995, Qualitative Forschung. Theorie, Methoden, Anwendung in Psychologie und Sozialwissenschaften, Reinbek: Rowohlt.

Flierl, Hans 1982, Freie und öffentliche Wohlfahrtspflege. Aufbau, Finanzierung, Geschichte, Verbände, München: Jehle.

Frey, Birgit 1998, Zwischen Markt- und Staatsversagen – Die Dritte-Sektor-Forschung im Überblick, *in: Ulli Arnold/Bernd Maelicke Hrsg.*, Lehrbuch der Sozialwirtschaft, Baden-Baden: Nomos (Edition SocialManagement, Band 9): 80-94.

Frey, Birgit/Ralf Kleinfeld 1997, Organisierte Interessen und das Neue Steuerungsmodell, *in: Jörg Bogumil/Leo Kißler Hrsg.*, Verwaltungsmodernisierung und lokale Demokratie. Risiken und Chancen eines Neuen Steuerungsmodells für die lokale Demokratie, Baden-Baden: Nomos: 47-71.

Gernert, Wolfgang 1993, Jugendhilfe. Einführung in die sozialpädagogische Praxis, München: Reinhardt (4. Auflage).

Gernert, Wolfgang 1987, Wie frei sind die Freien Träger?, *in: Claus Mühlfeld et al Hrsg.*, Sozialarbeit und Wohlfahrtsverbände – Hilfe mit beschränkter Haftung, Frankfurt: Diesterweg (Brennpunkte Sozialer Arbeit): 64-86.

Gerzer-Sass, Annemarie/Rudolf Pettinger 1993, Kinderbetreuung in der Selbsthilfe, *in: Ingeborg Becker-Textor/Martin R. Textor Hrsg.*, Handbuch der Kinder- und Jugendbetreuung, Neuwied: Luchterhand: 119-145.

Gross, Peter/Bernhard Badura 1977, Sozialpolitik und soziale Dienste: Entwurf einer Theorie personenbezogener Dienstleistungen, *in: Franz-Xaver Kaufmann/Christian von Ferber Hrsg.*, Soziologie und Sozialpolitik, Opladen: Westdeutscher Verlag (Kölner Zeitschrift für Soziologie und Sozialpsychologie, Sonderheft 19): 361-85.

Grossmann, Wilma 1994, KinderGarten. Eine historisch-systematische Einführung in seine Entwicklung und Pädagogik, Weinheim: Beltz (Berufsfelder sozialer Arbeit, Band 1, 2. Auflage).

Grunow, Dieter 1995, Zwischen Solidarität und Bürokratie: Organisationsprobleme von Wohlfahrtsverbänden, *in: Rauschenbach/Sachße/Olk Hrsg.*: 253-79.

Grunwald, Klaus 2001, Neugestaltung der freien Wohlfahrtspflege. Management organisationalen Wandels und die Ziele der Sozialen Arbeit, Weinheim: Juventa (Edition Soziale Arbeit).

Härdrich, Dirk 1994, Kindergartenpolitik des Landes Niedersachsen 1950-1994. Hintergründe, Erfolge, Probleme, Münster: Lit (Politikwissenschaft, Band 27).

Hasse, Raimund/Georg Krücken 1999, Neo-Institutionalismus, Bielefeld: transcript.

Häußermann, Hartmut/Wolfgang Siebel 1995, Dienstleistungsgesellschaften, Frankfurt: Suhrkamp.

Hegner, Friedhart 1992, Organisations-„Domänen“ der Wohlfahrtsverbände: Veränderungen und unscharfe Konturen, *in: Zeitschrift für Sozialreform 38*: 165-90.

Heinze, Rolf G. 2000, Inszenierter Korporatismus im sozialen Sektor. Politische Steuerung durch Vernetzung, *in: Heinz-Jürgen Dahme/Norbert Wohlfahrt Hrsg.*, Netzwerkökonomie im Wohlfahrtsstaat. Wettbewerb und Kooperation im Sozial- und Gesundheitssektor, Berlin: sigma: 31-46.

Heinze, Rolf G. 1986, „Neue Subsidiarität“ – Zum soziologischen und politischen Gehalt eines aktuellen sozialpolitischen Konzepts, *in: ders. Hrsg.*, Neue Subsidiarität: Leitidee für eine zukünftige Sozialpolitik?, Opladen: Westdeutscher Verlag (Beiträge zur sozialwissenschaftlichen Forschung, Band 81): 13-38.

Heinze, Rolf G./Thomas Olk 1984, Sozialpolitische Steuerung: Von der Subsidiarität zum Korporatismus, *in: Manfred Glagow Hrsg.*, Gesellschaftssteuerung zwischen Korporatismus und Subsidiarität, Bielefeld: AJZ-Verlag: 162-94.

Heinze, Rolf G./Thomas Olk 1981, Die Wohlfahrtsverbände im System sozialer Dienstleistungsproduktion. Zur Entstehung und Struktur der bundesdeutschen Verbändewohlfahrt, *in: Kölner Zeitschrift für Soziologie und Sozialpsychologie 33*: 94-114.

Heinze, Rolf G./Josef Schmid/Christoph Strünck 1997, Zur politischen Ökonomie der sozialen Dienstleistungsproduktion. Der Wandel der Wohlfahrtsverbände und die Konjunkturen der Theoriebildung, *in: Kölner Zeitschrift für Soziologie und Sozialpsychologie 49*: 242-71.

Heinze, Rolf G./Christoph Strünck 1996, Kontraktmanagement im Windschatten des „Wohlfahrtsmix"? Neue kommunale Steuerungsmodelle für das System der Wohlfahrtsverbände, *in: Adalbert Evers/Thomas Olk Hrsg.*, Wohlfahrtspluralismus. Vom Wohlfahrtsstaat zur Wohlfahrtsgesellschaft, Opladen: Westdeutscher Verlag: 295-322.

Heinze, Rolf G./Hekmut Voelzkow 1998, Verbände und »Neokorporatismus«, *in: Hellmut Wollmann/Roland Roth Hrsg.*, Kommunalpolitik. Politisches Handeln in den Gemeinden, Bonn: Bundeszentrale für politische Bildung (Schriftenreihe, Band 356, 2. Auflage): 227-39.

Herzberg, Irene/Uwe Lülf 1985, Administrative Rahmenbedingungen und quantitative Entwicklungen im Elementarbereich, *in: Jürgen Zimmer Hrsg.*, Erziehung in früher Kindheit, Stuttgart: Klett-Cotta (Enzyklopädie Erziehungswissenschaft, Band 6): 99-113.

Hirschmann, Albert O. 1974, Abwanderung und Widerspruch. Reaktionen auf Leistungsabfall bei Unternehmungen, Organisationen und Staaten, Tübingen: Mohr (Schriften zur Kooperationsforschung).

ISA/Stadt Göttingen 2000, Jugendhilfeplanung in Göttingen. Arbeitsmaterialien zur Bestandsaufnahme und Bewertung der Bereichsarbeitsgruppe Familienbildung, Gemeinsame Wohnformen, Tagespflege und Tageseinrichtungen für Kinder, Göttingen: Eigenverlag.

Jaedicke, Wolfgang/Hellmut Wollmann 1998, Kommunale Spitzenverbände, *in: Hellmut Wollmann/Roland Roth Hrsg.*, Kommunalpolitik. Politisches Handeln in den Gemeinden, Bonn: Bundeszentrale für politische Bildung (Schriftenreihe, Band 356, 2. Auflage): 306-322.

Jansen, Dorothea 2000, Der neue Institutionalismus, Antrittsvorlesung an der Deutschen Hochschule für Verwaltungswissenschaft Speyer, 27. Juni 2000 (Speyerer Vorträge, Heft 57), Internet: http://www.dhv-speyer.de/jansen/download/SpeyererVorträgeInstitutionalismus.pdf (27.3.2001).

Kaiser, Jochen-Christoph 1995, Von der christlichen Liebestätigkeit zur freien Wohlfahrtspflege: Genese und Struktur konfessionellen Sozialengagements in der Weimarer Republik, *in: Rauschenbach/Sachße/Olk Hrsg.*: 150-74.

KJHG: **Kinder- und Jugendhilfegesetz (Achtes Buch Sozialgesetzbuch)**, *Hrsg. Bundesministerium für Familie, Senioren, Frauen und Jugend*, Bonn: Eigenverlag 1997 (8. Auflage).

Klügel, Eckhard/Eckhard David 2000, Gesetz über Tageseinrichtungen für Kinder in Niedersachsen – Kommentar, Stuttgart: Deutscher Gemeindeverlag (Kommunale Schriften für Niedersachsen).

Klug, Wolfgang 1997, Wohlfahrtsverbände zwischen Markt, Staat und Selbsthilfe, Freiburg: Lambertus.

Kreyenfeld, Michaela/C. Katharina Spieß/Gert G. Wagner 2001, Finanzierungs- und Organisationsmodelle institutioneller Kinderbetreuung. Analysen zum Status quo und Vorschläge zur Reform, Neuwied: Luchterhand.

Kulbach, Roderich/Norbert Wohlfahrt 1996, Modernisierung der öffentlichen Verwaltung? Konsequenzen für die freie Wohlfahrtspflege, Freiburg: Lambertus.

Langnickel, Hans 1999, Ein Modell mit viel Patina. Qualitätsrisiko Vorstand – gemeinnützige Organisationen brauchen für ihre Arbeit ein radikal neues Konzept, *in: Frankfurter Rundschau 29.12.1999*, Seite 10.

Loges, Frank 1993, Entwicklungstendenzen Freier Wohlfahrtspflege im Hinblick auf die Vollendung des Europäischen Binnenmarktes, Diss. Univ. Bochum: Eigenverlag.

Loges, Frank 1994, Freie Wohlfahrtspflege in der Bundesrepublik Deutschland zwischen Binnenmarkt und politischer Union, *in: Volker Eichener/Helmut Voelzkow Hrsg.*, Europäische Integration und verbandliche Interessenvermittlung, Marburg: Metropolis: 485-502.

Manderscheid, Hejo 1995, Freie Wohlfahrtspflege vor Ort: Vom Wertepluralismus zur fachlichen Differenzierung, *in: Rauschenbach/Sachße/Olk Hrsg.*: 228-52.

Manderscheid, Hejo 1989, Kirchliche und gesellschaftliche Interessen im Kindergarten. Ein pastoraltheologischer Beitrag zur Frage nach dem katholischen Profil, Freiburg: Herder (Freiburger theologische Studien, Band 141).

Martin, Brigitte 1993, Tagespflege, *in: Ingeborg Becker-Textor/Martin R. Textor Hrsg.*, Handbuch der Kinder- und Jugendbetreuung, Neuwied: Luchterhand: 101-118.

Matthies, Aila-Leena 1998, Von der öffentlichen Dominanz sozialer Dienste zum Aufbau intermediärer Instanzen? Finnland und die neuen Bundesländer im Vergleich, *in: Soziale Welt 48*: 57-70.

Mayntz, Renate/Fritz W. Scharpf 1995, Der Ansatz des akteurzentrierten Institutionalismus, *in: dies. Hrsg.*, Gesellschaftliche Selbstregelung und politische Steuerung, Frankfurt/Main: Campus (Schriften des MPI für Gesellschaftsforschung, Band 23): 39-72.

Merchel, Joachim 1995, Sozialmanagement: Problembewältigung mit Placebo-Effekt oder Strategie zur Reorganisation der Wohlfahrtsverbände?, *in: Rauschenbach/Sachße/Olk Hrsg.*: 297-320.

Merchel, Joachim 1989, Der Deutsche Paritätische Wohlfahrtsverband. Seine Funktion im korporatistisch gefügten System sozialer Arbeit, Weinheim: Deutscher Studien Verlag.

Meuser, Michael/Ulrike Nagel 1991, ExpertInneninterviews – vielfach erprobt, wenig bedacht. Ein Beitrag zur qualitativen Methodendiskussion, *in: Detlef Garz/Klaus Kraimer Hrsg.*, Qualitativ-empirische Sozialforschung. Konzepte, Methoden, Analysen, Opladen: Westdeutscher Verlag: 441-71.

Meyer, Traute 1997, Ungleich besser? Die ökonomische Unabhängigkeit von Frauen im Zeichen der Expansion sozialer Dienstleistungen, Berlin: sigma.

Meyer, Traute 1994, Kinder, Kirche, Kapitalismus. Warum es im deutschen Sozialstaat einen Kindergartennotstand gibt, Berlin: Wissenschaftszentrum (WZB discusison paper FS I 94-210).

Münch, Ursula 1997, Sozialpolitik und Förderalismus. Zur Dynamik der Aufgabenverteilung im sozialen Bundesstaat, Opladen: Leske und Budrich.

Münder, Johannes/Peter Ottenberg 1999, Der Jugendhilfeausschuss, Münster: Votum.

Nährlich, Stefan 1998, Innerbetriebliche Reformen in Nonprofit-Organisationen. Das Deutsche Rote Kreuz im Modernisierungsprozess, Wiesbaden: Deutscher Universitäts-Verlag.

Nährlich, Stefan/Annette Zimmer 1997, Am Markt bestehen oder untergehen? Strategie und Struktur von Deutschem Roten Kreuz und Diakonie im Vergleich, *in: Ulrich von Alemann/Bernhard Weßels Hrsg.*, Verbände in vergleichender Perspektive. Beiträge zu einem vernachlässigten Feld, Berlin: sigma: 254-79.

Nokielski, Hans/Eckart Pankoke 1996, Post-korporative Partikularität. Zur Rolle der Wohlfahrtsverbände im Welfare-Mix, *in: Adalbert Evers/Thomas Olk Hrsg.*, Wohlfahrtspluralismus. Vom Wohlfahrtsstaat zur Wohlfahrtsgesellschaft, Opladen: Westdeutscher Verlag: 142-65.

‚Notizen aus der (KiTa)Provinz', Informationsschrift des Kinderhaus e.V. Göttingen, Internet: http://www.kinderhaus-goettingen.de/Aktuelles/BKZ/ body_bkz.htm (19.02.2001).

Nullmeier, Frank 1997, Erfolgreich kooperierende Dilettantismen? Kindertagesbetreuung in Hamburg zwischen Bürokratie und ziviler Selbstorganisation, *in: Klaus M. Schmals/Hubert Heinelt Hrsg.*, Zivile Gesellschaft. Entwicklung, Defizite und Potentiale, Opladen: Leske und Budrich: 155-176.

Olk, Thomas 1995, Zwischen Korporatismus und Pluralismus: Zur Zukunft der Freien Wohlfahrtspflege im bundesdeutschen Sozialstaat, *in: Rauschenbach/Sachße/Olk Hrsg.*: 97-122.

Pabst, Stefan 1998, Interessenvermittlung im Wandel. Wohlfahrtsverbände und Staat im Postkorporatismus, *in: Arbeitskreis Nonprofit-Organisationen Hrsg.*, Nonprofit-Organisationen im Wandel. Ende der Besonderheiten oder Besonderheiten ohne Ende?, Stuttgart: Kohlhammer (Schriften des Deutschen Vereins für Öffentliche und Private Fürsorge): 177-97.

Peukert, Ursula 2000, Tagesbetreuung von Kindern, *in: Erwin Jordan/Dieter Sengling*, Kinder- und Jugendhilfe. Einführung in Geschichte und Handlungsfelder, Organisationsformen und gesellschaftliche Problemlagen, Weinheim: Juventa: 79-104.

Prittwitz, Volker von 1994, Politikanalyse, Opladen: Leske und Budrich (UTB).

Raab, Erich/Hermann Rademacker 1980, Kindergartenpolitik zwischen Bildungs- und Jugendpolitik, *in: Lothar Böhnisch/Jutta Müller-Stackebrandt/Werner Schefold Hrsg.*, Jugendpolitik im Sozialstaat. Befunde und Perspektiven, München: Juventa (Reihe Deutsches Jugendinstitut – Analysen, Band 15): 134-160.

Rauschenbach, Thomas/Christoph Sachße/Thomas Olk Hrsg. 1995, Von der Wertegemeinschaft zum Dienstleistungsunternehmen. Jugend- und Wohlfahrtsverbände im Umbruch, Frankfurt: Suhrkamp.

Reutter, Werner 1991, Korporatismustheorien. Kritik, Vergleich, Perspektiven, Frankfurt/Main u.a.: Lang (Europäische Hochschulschriften, Band 31/183).

Roth, Günther 1999, Auflösung oder Konsolidierung korporatistischer Strukturen durch die Pflegeversicherung?, *in: Zeitschrift für Sozialreform 45*: 418-46.

Sachße, Christoph 1995, Verein, Verband, Wohlfahrtsstaat: Entstehung und Entwicklung der „dualen" Wohlfahrtspflege, *in: Rauschenbach/Sachße/ Olk Hrsg.*: 123-49.

Sachße, Christoph 1994a, Subsidiarität: Zur Karriere eines sozialpolitischen Ordnungsbegriffes, *in: Zeitschrift für Sozialreform 40*: 717-83.

Sachße, Christoph 1994b, Die freie Wohlfahrtspflege im System kommunaler Sozialpolitik. Aktuelle Probleme aus historischer Perspektive, *in: ders. Hrsg.*, Wohlfahrtsverbände im Wohlfahrtsstaat. Historische und theoretische Beiträge zur Funktion von Verbänden im modernen Wohlfahrtsstaat, Kassel: Universität/Gesamthochschule (Veröffentlichungen aus dem Forschungsschwerpunkt Historische Sozialpolitik): 11-34.

Schaad, Martina 1995, Nonprofit-Organisationen in der ökonomischen Theorie. Eine Analyse der Entwicklung und der Handlungsmotivation der Freien Wohlfahrtspflege, Wiesbaden: Deutscher Universitäts-Verlag.

Scharpf, Fritz W. 2000, Interaktionsformen. Akteurzentrierter Institutionalismus in der Politikforschung, Opladen: Leske und Budrich (UTB).

Scharpf, Fritz W. 1986, Strukturen der post-industriellen Gesellschaft, oder: Verschwindet die Massenarbeitslosigkeit in der Dienstleistungs- und Informations-Ökonomie, *in: Soziale Welt 37*: 3-24.

Scharpf, Fritz W. 1985, Die Politikverflechtungs-Falle: Europäische Integration und deutscher Föderalismus im Vergleich, *in: Politische Vierteljahresschrift 26*: 323-56.

Schimank, Uwe 2000, Handeln und Strukturen. Einführung in die akteurtheoretische Soziologie, Weinheim: Juventa.

Schmid, Josef 1996a, Wohlfahrtsverbände in modernen Wohlfahrtsstaaten. Soziale Dienste in historisch-vergleichender Perspektive, Opladen: Leske und Budrich.

Schmid, Josef 1996b, Wohlfahrtsstaaten im Vergleich. Soziale Sicherungssysteme in Europa: Organisation, Finanzierung, Leistungen und Probleme, Opladen: Leske und Budrich.

Schmid, Josef 1994, Der Wohlfahrtsstaat Europa und die deutschen Wohlfahrtsverbände. Zur politisch-ökonomischen Dialektik zwischen europäischer Integration und verbandsorganisatorischer Differenzierung, *in: Volker Eichener/Helmut Voelzkow Hrsg.*, Europäische Integration und verbandliche Interessenvermittlung, Marburg: Metropolis: 453-83.

Seibel, Wolfgang 1992, Funktionaler Dilettantismus. Erfolgreich scheiternde Organisationen im »Dritten Sektor« zwischen Markt und Staat, Baden-Baden: Nomos.

‚Stadt statt Kirche. Kindertagesstätte', *in: Göttinger Tageblatt, 19.3.2001*, Seite 10.

Steinbacher, Elke 2000, Wohlfahrtsverbände und bürgerschaftliches Engagement – eine Allianz für die Gesellschaft? Wohlfahrtsverbändeforschung und ihr Blick auf freiwilliges soziales und bürgerschaftliches Engagement, *in: Neue Praxis 30*: 135-54.

Streeck, Wolfgang 1987, Vielfalt und Interdependenz. Überlegungen zur Rolle von intermediären Organisationen in sich ändernden Umwelten, *in: Kölner Zeitschrift für Soziologie und Sozialpsychologie 39*: 471-95.

Strünck, Christoph 2000a, Pflegeversicherung – Barmherzigkeit mit beschränkter Haftung. Institutioneller Wandel, Machtbeziehungen und organisatorische Anpassungsprozesse, Opladen: Leske und Budrich (Forschung Politikwissenschaft, Band 68).

Strünck, Christoph 2000b, Das Honorar der Advokaten. Der Wandel der Wohlfahrtsverbände zwischen Interessenvertretung und Dienstleistungsproduktion, *in: Ulrich Willems/Thomas von Winter Hrsg.*, Politische Repräsentation schwacher Interessen, Opladen: Leske und Budrich: 185-204.

Strünck, Christoph 1996, Von Mythen, Macht und paradoxen Effekten. Betriebswirtschaftliche Reformen in der freien Wohlfahrtspflege, *in: Zeitschrift für Sozialreform 42*: 715-25.

Strünck, Christoph 1995, Wandel der Wohlfahrtsverbände durch Kontraktmanagement. Das Beispiel des Paritätischen Wohlfahrtsverbandes, *in: Neue Praxis 25*: 349-59.

‚Umsetzung auf Eis. KITA-Verträge‘, *in: Göttinger Tageblatt, 19.3.2001*, Seite 9.

Tennstedt, Florian 1992, Die Spitzenverbände der Freien Wohlfahrtspflege im dualen Wohlfahrtsstaat. Ein Historischer Rückblick auf die Entwicklung in Deutschland, *in: Soziale Arbeit 41*: 342-56.

Tietze, Wolfgang Hrsg. 1998, Wie gut sind unsere Kindergärten? Eine Untersuchung zur pädagogischen Qualität in deutschen Kindergärten, Neuwied: Luchterhand.

Tietze, Wolfgang 1993, Institutionelle Erfahrungsfelder im Vorschulalter. Zur Entwicklung vorschulischer Erziehung in Deutschland, *in: ders./Hans-Günther Roßbach Hrsg.*, Erfahrungsfelder in der frühen Kindheit. Bestandsaufnahme, Perspektiven, Freiburg: Lambertus: 98-125.

Volkert, Jürgen 1999, Soziale Dienste und Umverteilung in Deutschland, Berlin: Duncker und Humblot (Sozialpolitische Schriften, Heft 79).

Wagner, Antonin 1993, Zur Rolle gemeinwirtschaftlicher Träger in der Gesundheitspolitik, *in: Herbert Effinger/Detlef Luthe Hrsg.*, Sozialmärkte und Management. Herausforderungen bei der Produktion Sozialer Dienstleistungen im intermediären Bereich, Bremen: Universität (Forschungsreihe des Forschungsschwerpunkts „Arbeit und Bildung", Band 26): 61-92.

Windhoff-Héretier, Adrienne 1989, Institutionelle Interessenvermittlung im Sozialsektor. Strukturmuster verbandlicher Beteiligung und deren Folgen, *in: Leviathan 17*: 108-26.

Zimmer, Annette 1996a, New Public Management und Nonprofit-Sektor in der Bundesrepublik, *in: Zeitschrift für Sozialreform 42*: 285-305.

Zimmer, Annette 1996b, Vereine – Basiselemente der Demokratie. Eine Analyse aus der Dritte-Sektor-Perspektive, Opladen: Leske und Budrich (Grundwissen Politik, Band 16).

Verzeichnis der Interviews (anonym)

- Vertreter eines
  konfessionellen Trägers der Freien Wohlfahrtspflege

- Vertreter eines
  freien Jugendhilfeträgers

- Leitung einer Kindertagesstätte
  in Trägerschaft eines Wohlfahrtsverbandes

- Leitung einer Kindertagesstätte
  in Trägerschaft eines konfessionellen Trägers der Freien Wohlfahrtspflege

- Leitung einer Kindertagesstätte
  in Trägerschaft eines konfessionellen Trägers der Freien Wohlfahrtspflege

- Vertreterin der kommunalen Sozialverwaltung

hochschulschriften

Klaus Gloede (Hrsg.) /
Arnt von Bodelschwingh /
Ulf Rosner

Gemeinsame Gewerbegebiete durch interkommunale Kooperation

Grundlagen, Erfahrungen, Empfehlungen

132 Seiten, Paperback, 15 €
ISBN 3-936130-01-9

Die Bereitstellung von Gewerbeflächen stellt einzelne Kommunen oftmals vor große Probleme. Insbesondere Städte können diese zentrale Aufgabe der kommunalen Wirtschaftsförderung nur erfüllen, wenn sie dafür umfangreiche Haushaltsmittel aufwenden oder Konflikte, z.B. mit Anwohnern, in Kauf nehmen. In solchen Fällen ist interkommunale Zusammenarbeit bei der Ausweisung und beim Betrieb von Gewerbegebieten ist eine bedeutsame Lösungsmöglichkeit.

Auf Grundlage theoretischer Vorüberlegungen wertet die empirische Untersuchung die Erfahrungen von über 40 interkommunalen Gewerbegebieten in der Bundesrepublik Deutschland aus und liefert konkrete Handlungsempfehlungen für die Kooperationsanbahnung. Detailliert werden unter anderem mögliche Rechtsformen und der Lasten-Nutzen-Ausgleich (kommunale Steuern und Finanzausgleich, Erschließungs- und Betriebskosten etc.) beschrieben. Der Anhang stellt 30 erfolgreiche interkommunale Gewerbegebiete mit Ansprechpartnern in Form von „Steckbriefen" vor.

Das Buch richtet sich gleichermaßen an Praktiker in Politik und Verwaltung sowie an Wissenschaftler aus den Bereichen regionale Wirtschaftspolitik, Regionalwissenschaft und Kommunalwirtschaft.

weber medien gmbh
brandenburgische hochschulschriften
hebbelstrasse 39 · 14469 potsdam
fon 03 31 – 201 39 -0 · fax 201 39 20
e-mail: info@weber-medien.de